SÓ AGORA COMEÇOU

JOSÉ SÓCRATES

SÓ AGORA COMEÇOU

São Paulo
2021

Copyright © EDITORA CONTRACORRENTE
Alameda Itu, 852 | 1º andar |
CEP 01421 002
www.loja-editoracontracorrente.com.br
contato@editoracontracorrente.com.br

Editores

Camila Almeida Janela Valim
Gustavo Marinho de Carvalho
Rafael Valim

Equipe editorial

Coordenação de projeto: Juliana Daglio
Revisão: Caio Amoêdo
Revisão técnica: Lisliane Pereira
Diagramação: Fernando Dias
Capa: Maikon Nery

Equipe de apoio

Fabiana Celli
Carla Vasconcelos
Fernando Pereira
Lais do Vale

Dados Internacionais de Catalogação na Publicação (CIP)
(Câmara Brasileira do Livro, SP, Brasil)

Sócrates, José
    Só agora começou / José Sócrates ;
[prefácio Dilma Rousseff]. -- 1. ed. --
São Paulo : Editora Contracorrente, 2021.

    ISBN 978-65-88470-44-2

    1. Autoritarismo 2. Ciências políticas
3. Democracia 4. Estado de Direito 5. Sousa, José
Sócrates Carvalho Pinto de, 1957- 6. Socialistas -
Portugal I. Rousseff, Dilma. II. Título.

21-64294   CDD-320

Índices para catálogo sistemático:

1. Autoritarismo político : Ciência política   320

Maria Alice Ferreira - Bibliotecária - CRB-8/7964

SUMÁRIO

PREFÁCIO - EM PLENO SÉCULO XXI, A LUTA
CONTRA A INJUSTIÇA E O *LAWFARE* 9

CAPÍTULO I - SÓ AGORA COMEÇOU 15

CAPÍTULO II - TIRAR OS VIVOS DA LUZ 27

CAPÍTULO III - O SENHOR DIRETOR 37

CAPÍTULO IV - O NADA, O VAZIO 49

CAPÍTULO V - SE NÃO FOSTE TU 55

CAPÍTULO VI - A CLÁUSULA 65

CAPÍTULO VII - UM DE CADA VEZ 73

CAPÍTULO VIII - O LUGAR DO ESTADO 83

CAPÍTULO IX - O EMBUSTE 89

CAPÍTULO X - O POST SCRIPTUM 101

CAPÍTULO XI - COMO SE NÃO HOUVESSE FIM 109

CAPÍTULO XII - DEEM–ME O HOMEM, ENCONTRAREI
O CRIME 119

CAPÍTULO XIII - OS FARISEUS 129

CAPÍTULO XIV - PEÕES NO JOGO DOS OUTROS 135

Comecei a escrever este livro em março de 2018 e terminei-o a 17 de setembro desse ano, dia em que o dei como pronto para publicação. Uma semana depois realizou-se o sorteio que determinou Ivo Rosa como juiz de instrução. Pela primeira vez o processo marquês iria ter um juiz. Decidi então não o publicar, prometendo a mim próprio fazê-lo quando a fase de instrução terminasse. Neste momento em que escrevo, nada sei da decisão que o tribunal tomará, nem quando o fará. Sei apenas que o livro será publicado, seja ela qual for. Quando lá fora se organizam para te difamar e lançar peçonha sobre tudo o que disseste ou fizeste, é preciso crer em ti com toda a força de alma. Nada possuir e a nada estar agarrado — eis a melhor posição no combate. Seis anos depois, quero dedicar este livro a todos os que estiveram ao meu lado na batalha.

Ericeira, dezembro de 2020.

PREFÁCIO

EM PLENO SÉCULO XXI, A LUTA CONTRA A INJUSTIÇA E O *LAWFARE*

Estava então no meio da sala com seus papéis, olhou ainda para a porta, que não se abriu de novo, e só se sobressaltou com um chamado dos guardas, que estavam sentados à mesinha junto à janela aberta e consumiam o café da manhã deles, como agora percebia.

— Por que ela não entrou? — perguntou.

— Ela não pode fazer isso — disse o guarda grande. — O senhor está detido.

— Como posso estar detido? E deste modo?

— Lá vem o senhor de novo — disse o guarda, mergulhando um pão com manteiga no potinho de mel. — Não respondemos a perguntas como essa.

— Terão de responder — disse K.

— Aqui estão os meus documentos de identidade, agora mostrem os seus, sobretudo a ordem de detenção.

— Oh, céus! — disse o guarda. — É incrível como o senhor não consegue se submeter à sua situação e parece empenhado em nos irritar inutilmente, a nós, que decerto somos neste momento os mais próximos de todos os seus semelhantes!

O trecho acima é da obra-prima *O Processo*, de Franz Kafka, o imortal escritor tcheco, que trata da ação do Estado contra um inocente. O romance foi publicado em 1925, após a morte do autor. Trata-se de uma denúncia contra o sistema judicial a mover uma perseguição insana contra o personagem Joseph K. O protagonista – um cidadão de vida discreta e cordata – numa manhã qualquer se vê preso e vira alvo de uma investigação por um crime não descrito, e que ele sequer sabe ter ou não cometido. Torna-se ali o réu em um processo labiríntico, cujos autos ele ignora e jamais tem acesso.

A obra de Kafka tem a denúncia do aparelho do Estado a serviço de uma absurda perseguição implacável contra o cidadão. Acontece na ficção, mas também na vida real. Esta é a denúncia de José Sócrates, o ex-primeiro-ministro de Portugal, neste livro *Só Agora Começou*, em que relata a trama digna de um *thriller* político, como no romance *O Processo*.

Noventa anos depois de Kafka ter publicado sua obra-prima, José Sócrates vira Joseph K. Em 2014, depois de uma viagem a Paris, o ex--primeiro-ministro José Sócrates se vê preso no Aeroporto de Lisboa, numa operação espetacular montada para ganhar os holofotes da mídia. Detido, não consegue saber o motivo da prisão. Em seguida, é encarcerado por longos nove meses sem sequer saber jamais do que é acusado. A história é inacreditável, mas não ocorreu de maneira inédita. Está no manual do *lawfare* usado rotineiramente contra líderes políticos. O uso da lei como arma de destruição civil e criminal de líderes políticos, caracterizando o que ficou conhecido como justiça do inimigo.

Os paralelos entre a situação vivida pelo veterano líder do Partido Socialista de Portugal e a do ex-Presidente brasileiro Luiz Inácio Lula da Silva salta aos olhos de quem lê esta obra, uma contundente denúncia política de Sócrates. Assim como o ex-Presidente Lula, o ex--primeiro-ministro foi preso e submetido a um massacre de sua honra e da própria imagem junto à opinião pública de seu país, quando sequer conseguia obter direito de resposta e muito menos ver exercido o seu direito de defesa.

Foi humilhado, preso numa operação espetacular tão ao gosto dos meios de comunicação e colocado na masmorra do tribunal da imprensa

PREFÁCIO

por promotores públicos. Foi vítima de uma típica operação de assassinato de reputação, tão em voga na América Latina nesta segunda década do século XXI. E, como se vê aqui, também em Portugal.

A similaridade entre o que viveu o líder socialista português com o caso de Lula não é inoportuna e é traçada pelo próprio Sócrates. E aparece – aqui e ali – pontuando as páginas de *Só Agora Começou*, como a prova de que nós, mesmo vivendo em pleno século XXI, não podemos ignorar que o autoritarismo se esconde sob o beneplácito do aparelho do Estado moderno, muitas vezes de maneira estrondosa e sem controle.

Sócrates escancara o jogo político e se mostra indignado com a situação a que foi submetido. A denúncia de seu suposto envolvimento em corrupção só foi oficializada um ano e meio depois de ele ter sido encarcerado numa prisão preventiva que por si só já escandalizaria qualquer defensor do Estado Democrático de Direito. E isso aconteceu debaixo dos olhos da opinião pública de Portugal, no coração da Europa Moderna. Para vergonha de todos.

O líder português externa sua justificada gana por Justiça ao longo de *Só Agora Começou*. Assim como Lula, o ex-primeiro-ministro foi encarcerado num processo onde as provas sequer existem. Lula foi condenado pelo ex-juiz Sérgio Moro – o magistrado que largou a toga e depois de prender o líder das pesquisas de opinião nas eleições presidenciais brasileiras de 2018 aderiu, como ministro da Justiça, ao governo do adversário, o líder da extrema-direita Jair Bolsonaro. Sócrates acabou tendo a preventiva relaxada, mas o processo ainda não acabou. No momento em que escrevo este texto, a imprensa destaca que o caso da operação marquês vai a julgamento em 9 de abril. Ou melhor, em 9 de abril um tribunal irá decidir se a operação marquês vai a julgamento. Quase sete anos depois da prisão.

São situações absurdas e kafkianas essas vividas pelos dois líderes políticos de esquerda, engendradas de tal maneira que a presunção de inocência sequer tenha sido respeitada – em Portugal e no Brasil – muito menos cogitada. Foram apresentados como culpados e condenados no tribunal da opinião pública sem direito ao contraditório ou impossibilitados de terem sequer o mesmo tempo para se defenderem ou refutar as alegações e as suspeitas. Nada que pudesse ao menos assegurar o amplo direito de defesa.

Não tenho dúvidas de que, assim como no caso de Lula, em que o Supremo Tribunal Federal demorou dois anos, mas finalmente fez Justiça e reconheceu em 24 de março que o ex-juiz Sérgio Moro foi parcial e submeteu o ex-Presidente do Brasil a uma perseguição implacável, o mesmo sucederá com Sócrates. Nenhum mal dura para sempre. A mentira sempre será desmascarada.

Que o uso do *lawfare* como método judicial para a perseguição política seja combatido, denunciado e banido das sociedades em todas as nações domundo. Não é possível que os direitos mais básicos nos Estados modernos −a presunção de inocência e o direito a um julgamento justo − sejam ignorados em nome do combate à corrupção e na ânsia de criminalizar a política. Para citar o próprio Sócrates, em um trecho desta obra, não é possível tolerar o princípio que move parte da mídia: na política não há inocentes. É o contrário. Diante da lei que preside o estado Democrático de Direito somos todos inocentes. Até mesmo os políticos.

Vale lembrar as palavras de Émile Zola, na defesa do capitão Alfred Dreyfus, no final do século XIX, no monumental *Eu Acuso*: "Ah!, que agitação de demência e imbecilidade, de imaginações estúpidas, de práticas de políticas mesquinhas, de costumes inquisitoriais e tirânicos, a satisfação de alguns agaloados esmagando a Nação com suas botas, enfiando goela abaixo seu grito de Verdade e Justiça, sob o pretexto mentiroso e sacrílego da Razão de Estado! E é um crime ainda terem se apoiado na imprensa imunda, terem se deixado defender por toda a canalha, de modo que é essa canalha que triunfa insolentemente, diante da derrota do direito e da simples probidade".

Como se vê nos casos de Lula e Sócrates, perseguir a verdade, lutar pelas condições de um julgamento justo e clamar aos que acusam a mostrar as provas do dolo ou do crime cometido não bastam para que se faça a Justiça. Em pleno século XXI, é preciso lutar, denunciar e gritar para que se respeite ao menos a presunção de inocência. Ainda

PREFÁCIO

mais quando o julgamento não se dá apenas no Tribunal de Justiça, mas na Corte da opinião pública, moldada pelos meios de comunicação e alimentada pelos algozes. Ainda assim é preciso perseverar e não desistir. A verdade prevalecerá.

Dilma Rousseff
Ex-presidenta do Brasil
28 de março de 2021.

Capítulo I

SÓ AGORA COMEÇOU

1.

A primeira lição, se bem recordo, tem a ver com a diferença entre prisão e detenção. Esta última soa melhor, mas isso não passa de uma ilusão. Na prisão recebemos visitas, falamos, telefonamos, pertencemos ao mundo e vemos o mundo. Durante a detenção nada sabemos do que ficou lá fora, nem sabemos dos outros, o mais que podemos imaginar é o seu sofrimento. Aqui só há espera, silêncio e olhares cínicos, que nos dão ideia da berraria que calculamos existir do outro lado.

A detenção tem sempre um plano, uma teoria geral, como Soljenítsin escreve nas primeiras páginas de *O Arquipélago Gulag*. Neste caso, o ponto crítico do esquema foi o espetáculo: em público, no aeroporto e em direto nas televisões. A mensagem era clara – exibir o poder, o abuso. Exibir a violência. Começou a caçada e nada poderão fazer, estamos dispostos a tudo. O choque acompanha a incredulidade e a inocência – nada disto se pode passar aqui, que há muito nos livramos disto, da injustiça e da brutalidade injustificada. A surpresa vem sempre com o primeiro golpe, só depois tomamos consciência do combate, que vai ser longo. Sim, isto é só o começo.

2.

Só agora começou

Há cinco dias fora do mundo, só agora tomo consciência de que, como é habitual, as imputações e as "circunstâncias", devidamente selecionadas contra mim pela acusação, ocupam os jornais e as televisões.

Não espero que os jornais, a quem elas aproveitam, denunciem o crime e o quanto este comportamento põe em causa os princípios do processo justo. A minha detenção para interrogatório foi um abuso, e o espetáculo montado em torno dela uma infâmia; as imputações que me são dirigidas são absurdas, injustas e infundadas; a decisão de me colocar em prisão preventiva é injustificada e constitui uma humilhação gratuita. Toda uma lição de vida: aqui está o verdadeiro poder – o de prender e o de libertar.

Não tenho dúvidas de que este caso tem também contornos políticos e sensibilizam-me as manifestações de solidariedade de tantos camaradas e amigos. Mas quero o que for político à margem deste debate. Este processo é comigo e só comigo. Qualquer envolvimento do Partido Socialista só me prejudicaria, prejudicaria o partido e prejudicaria a democracia. Defender-me-ei com as armas do Estado de direito – são as únicas em que acredito. Este é um caso da justiça e é com a justiça democrática que será resolvido.

Isto só agora começou.

3.

A detenção. Detenhamo-nos um pouco neste ponto porque, verdadeiramente, é ele que marca o ritmo e o desenvolvimento da caçada. A prática ilegítima há muito que corrompeu a linguagem da lei, toda ela inclinada a proteger a dignidade do indivíduo, assegurando que, fora de flagrante delito, a detenção para interrogatório só deva ocorrer quando existam "fundadas razões para considerar que os visados se não apresentariam espontaneamente". A subversão do comando legal, que,

CAPÍTULO I - SÓ AGORA COMEÇOU

lenta, mas seguramente, vem transformando em rotina o que devia ser excecional, revela todo um projeto – a detenção é apenas o primeiro andamento de um plano mais vasto, um novo método cujo objetivo é intimidar, ferir e achincalhar o mais possível e desde o primeiro momento. No fundo, ela constitui o primeiro passo, o momento fundador de uma encenação de violência e de abuso que tem um propósito: apresentar o perseguido como culpado, e desde o começo – porque só o início é simbólico.

4.

Nunca gostei de códigos ou de regulamentos e lembro--me de que as discussões sobre os estatutos do partido, que só existiam quando estávamos na oposição, me causavam sempre uma forte sensação de futilidade e ócio. Seja como for, há sempre um momento em que somos forçados a consultá-los, assim como fazemos com os dicionários. E, na verdade, a primeira impressão da leitura da lei é a de uma linguagem cuidadosa e preocupada: "fundadas razões". Parece que se referem a motivos fortes, que se apresentam como evidentes perante qualquer espírito e impossíveis de ignorar. Assim sendo, como puderam fazê-lo? A resposta é antiga e repetida: fizemo-lo como sempre se fez em Portugal, com manha.

A manhã. A razão da violência é então explicada por um convite para dar aulas numa universidade americana – eis o evidente perigo de fuga, a fundada razão. Esse convite, como bem sabiam, tinha sido agradecido e a decisão adiada por um ano. Mas que importa tudo isso se a partir daqui já estás a explicar-te, a justificar-te. A expectativa de um diálogo esclarecedor e honesto depressa se desvanece. A realidade, naquelas caras, é agora transparente – não se trata de saber a verdade, trata-se de pura violência, agressão e maldade. Perigo de fuga? Mas como, se umas horas antes eu próprio, através do meu advogado, comuniquei às autoridades a vontade de ser quanto antes ouvido, porque tudo aquilo só podia resultar de um qualquer equívoco que prontamente se esclareceria? Perigo de fuga? Mas como, se no aeroporto vinha a entrar no país e não a sair? Perigo de fuga. Ah, como se revelam espirituosos estes homens das detenções — e como esperam que tudo seja esquecido, como confiam no desinteresse dos outros, como veladamente ameaçam: não se metam, que vos pode acontecer o mesmo. De qualquer modo, foi assim que começou a batalha.

5.

Para lhes fazer frente

Naquela noite abracadabrante em Paris, quando soube da violência e do terror que causaram aos meus filhos, à minha família, aos meus amigos, foram os versos de René Char que primeiro me vieram ao espírito. Pensei em todo o mal que me podiam fazer, todas as infâmias e humilhações que pudessem estar — como estavam — preparadas contra mim. Depois, de coração limpo, avancei para lhes fazer frente.

Mas eles sabem como ferir. Com prévia convocatória às televisões, a detenção constituiu o primeiro andamento de uma deliberada encenação midiática. Desafiando a inteligência de quem a tudo assistiu, justificam-na com o "perigo de fuga", tentando esconder o que é óbvio: eu vinha a entrar no país, não a sair.

Às 15h54 do dia 21 de novembro, horas antes da minha detenção, o meu advogado enviou um e-mail ao diretor do DCIAP. O texto dizia expressamente:

"ele [José Sócrates] [...] dispõe-se a comparecer [...] onde e quando for determinado para ser ouvido". O mesmo foi reiterado por contato telefônico no mesmo dia. De forma absolutamente extraordinária, esse e-mail, enviado no dia 21, só foi oficialmente recebido às 16h04 do dia 25, já depois de decretada a prisão preventiva. O telefonema foi ignorado. Escreve o procurador: "o arguido é que terá de explicar porque é que o mail só foi recebido às 16h04 do dia 25". Difícil encontrar nisto um qualquer ângulo de decência. Quem é esta gente?

CAPÍTULO I - SÓ AGORA COMEÇOU

6.

Antes de poder dizer seja o que for, a narrativa está montada – afinal, é apenas um político nas mãos da justiça. Depois disto, quem ainda se preocupa com detalhes sobre se seria ou não justa a detenção? Quem liga aos métodos, aos meios, quando estamos a falar de fins importantíssimos – o combate à corrupção? Aliás, não foi este país que genericamente aceitou e aplaudiu o conselho de evitar males maiores corrigindo antecipadamente as condutas com uns "encontrões dados a tempo"? Também aqui, que importa um encontrão ou outro se isso nos permite investigar a fundo?

Ah, e eles sabem fazê-lo muito bem, têm já muitos anos de experiência e uma relação comercial com a imprensa que se tem revelado mutuamente vantajosa: informação em troca de elogios e apoio à *causa*.

Afinal, quem vos pode dar notícias? Sim, só nós, desde logo porque somos nós que as classificamos como segredo de justiça, o que significa que, a partir daí, só nós sabemos. Nós e quem nós quisermos. Então, silêncio, porque se quiserem continuar a ter informações devem ignorar a violência e o abuso – o que importa é o relato institucional. Isto é sério, porque justamente já nada lhe resta de seriedade: é o poder que está em causa, não a justiça ou o direito.

7.

Um novo paradigma

As buscas televisionadas, as detenções abusivas e as informações processuais obtidas ilegalmente e manipuladas contra os perseguidos são hoje crimes ostensivamente praticados por agentes públicos, e exibidos provocativamente em furiosas campanhas de difamação. Este comportamento transformou-se numa peça central da estratégia e do processo acusatório, tendo como objetivo chegar a julgamento já com o cidadão completamente difamado e desonrado, e com o juiz

perfeitamente condicionado por uma narrativa dominante. Longe de representar uma ligeira infração ou uma questão de nada, a violação do segredo de justiça é instrumental para substituir o princípio da presunção da inocência pela presunção pública de culpabilidade.

Para quem está atento a este novo tempo, os métodos adotados revelam toda uma cultura jurídica: sem provas, mas cheios de convicções e certezas, pouco lhes interessa se estão a agredir e a acusar inocentes que reclamam os seus direitos. O chamado novo paradigma não passa do regresso do velho autoritarismo estatal, agora com novos protagonistas, novas razões, novos métodos e novas roupagens, mas o mesmo desprezo pelos direitos individuais e pela cultura de liberdade.

8.

Esta é a terceira vez que introduzo textos do passado, escritos quando as coisas aconteceram. Foi esta a primeira inspiração que tive e foi com ela que comecei. Agora, ao reler, estou satisfeito. Julgo que ficam bem, com uma letra menor, como citações. Fica clara a intenção da dupla voz: uma de antes e uma de depois; uma, contemporânea dos acontecimentos, outra, atual. Talvez estejam longos demais, tenho de pensar nisso, mas parece-me boa ideia incluí-los. Gosto deles: são textos de ação.

Há muito que sabia que teria de fazer a viagem de regresso ao início de tudo e contar a história deste *passado que não quer passar*. A partir de determinado momento das nossas vidas, é o roteiro do passado que se torna irresistível – ou porque já temos um passado, ou porque talvez nada haja senão passado ou, ainda, e para o dizer como Faulkner, talvez o passado não seja sequer passado. De qualquer forma, é aí que é preciso voltar e não quero adiar mais – *allons*.

9.

Regressemos, sem perder de vista o motor de tudo – o espetáculo. No fundo, é ele que comanda a dinâmica do caso, no qual o

CAPÍTULO I - SÓ AGORA COMEÇOU

indivíduo parece ser puramente instrumental, arrastado para a dança midiática, não para servir um qualquer objetivo legítimo de justiça, mas os propósitos de quem dita as regras – as televisões. Toda a investigação criminal parece, assim, dedicada a servir essa nova autoridade: a audiência do jornal das oito. Os jornalistas avisados e preparados antecipadamente, os títulos da peça escolhidos, os próximos capítulos escritos, aos quais se juntarão depois alguns pormenores picantes que as buscas sempre permitem reunir. No guião que todos seguem, os agentes judiciários não trazem no bolso o Código Penal, mas o telefone do editor.

Os criadores artísticos dos *media* há muito lhes definiram os papéis, sem os quais, verdadeiramente, não existiriam. Tudo isto é horrível, é verdade, mas, para os que leram os relatos literários das monstruosas injustiças históricas, a primeira surpresa é que nada é como imaginámos, nada é como julgávamos que fosse – é pior, porque é real.

10.

O debate tem estes dois lados. Num deles, colocam-se os pregadores da autoridade estatal, que consideram o debate sobre os meios usados uma discussão menor – assunto de secretaria, dizem. Violação do segredo de justiça ou detenções abusivas não passam de um debate secundário que pretende ocultar a importância do fim: o combate à corrupção e o apuramento da chamada "verdade material". Para o novo *homo penalis,* criado pela indústria do espetáculo, as garantias individuais não podem mais ser vistas como a fonte legitimadora do processo penal, mas como aquilo que verdadeiramente representam: relíquias formais ultrapassadas que devem curvar-se ao desígnio da "eficácia das investigações". Do outro lado ficam os que compreendem que a identidade do Estado está justamente ligada aos *meios* que este está disposto a usar e aos limites que estabelece para si próprio – no essencial, é isso que o define.

A defesa e a adoção de métodos fora da regra expõem o processo penal ao direito de *exceção*. Os agentes que se julgam acima da lei

21

retomam assim um debate com tradição. Do seu lado, estão aqueles que esperam que, nas alturas críticas e em nome de um bem maior, eles próprios se substituam ao povo e ao parlamento — em momentos de aflição, em casos especialmente difíceis, é preciso fazer a *nossa própria lei*. Do outro, continuarão os que há muito compreendem que a identidade do Estado democrático, o seu *ethos*, está justamente na prévia discussão e distinção entre meios legítimos e meios ilegítimos. Eis ao que nos leva o debate centrado nos fins sem olhar aos meios: à suspeita de um *direito penal do inimigo*; um direito para todos menos para este; uma lei para os outros e uma lei para este — este que é o nosso alvo, este que é o nosso inimigo político. *Lawfare.*

11.

Enquanto escrevo, assisto interessado (ia dizer divertido, mas devo evitar o cinismo) às notícias da televisão, que dão conta de uma operação de buscas ao Benfica e à casa de dirigentes do clube, que se destina a perseguir o crime de violação de segredo de justiça cometido por alguém de dentro do sistema judicial e que dá nome à operação — e-toupeira. À medida que a operação avança, os jornalistas informam o público de que há buscas, há camisolas envolvidas, há bilhetes para os jogos, há empregos no clube e há também dois detidos. É claro que sabemos tudo isto em consequência da violação de segredo de justiça, crime que a operação visa combater. Mas ninguém está com paciência para paradoxos: sim, combatemos o crime, cometendo-o, e então? Afinal, a mensagem das autoridades é explícita ao reclamar o monopólio — este crime é nosso exclusivo. O que seria da nossa sociedade se todos passassem a utilizar as mesmas armas das instituições estatais? Não, a chamada igualdade de armas não se aplica nestes casos. Se outros se atrevem a cometê-lo, caímos-lhes em cima com toda a violência. Operação e-toupeira: sempre atentos à representação dramática das suas próprias operações, os nossos agentes da lei capricham na criatividade.

CAPÍTULO I - SÓ AGORA COMEÇOU

12.

Segredo de justiça. O padrão seguido pelos responsáveis das instituições penais nas declarações públicas que fazem sobre violações de segredo de justiça recorre invariavelmente a dois tópicos: o primeiro é falar de "fugas de informação"; o segundo é exprimir "desconforto". A linguagem, e em especial a linguagem jurídica, tem destas propriedades prestidigitadoras, revelando tanto como escondendo outro tanto. Desde logo, no tanto que revela, quando o jornalista e o magistrado falam em "fugas de informação", estabelecem entre eles um pacto onde começa a feitiçaria verbal – o crime de violação de segredo de justiça transforma-se imediatamente em "fuga de informação". Ao truque costuma chamar-se eufemismo: as palavras acalmam e pacificam, como a voz melodiosa dos alto-falantes de aeroporto. Um crime que, afinal, é uma simples fuga de informação – desde quando é que isso poderia ser grave?

No entanto, a verdadeira magia não está no que é dito, mas na capacidade de esconder o não dito. A luz das palavras recai no que é leve e mavioso, deixando a sombra escurecer o resto. Todavia, é aí, no lado escuro do que não foi expresso, que devemos procurar o significado oculto destas "fugas" e destes "desconfortos". E a face mais sinistra, aquela que mais os preocupa, aquela que todos se esforçam por esconder, é a *venalidade*. Bem vistas as coisas, o propósito das "fugas" não tem nada a ver com o interesse público, seja ele o de transmitir informação, seja ele o de acrescentar pontos de vista ou novos argumentos. O objetivo do crime de violação do segredo de justiça é aumentar as audiências, ganhar dinheiro e construir reputações, seja lá à custa de quem for – à custa dos direitos do cidadão visado ou à custa do respeito devido à lei. O que se passa é uma troca, um comércio: dou-te informação, tu dizes bem de mim; espectadores em troca de elogios – eis a situação *win-win*.

Tendo o fenômeno origem no submundo dos organismos policiais e das redações dos jornais, desenvolveu metástases tão poderosas que lhe dão hoje uma dimensão sistêmica: quem não se dispõe ao jogo não terá acesso nem a fontes, nem a fugas, nem a encômios. O que resta, então, são agentes públicos que se julgam e afirmam acima da lei; o que resta é a deslegitimação estatal de quem acha que os fins justificam os meios. O que resta é esta operação e-toupeira destinada a assegurar que só as autoridades e os jornalistas podem cometer o crime de violação de segredo de justiça. Ninguém mais.

13.

Brasil, 14 de setembro de 2017. O reitor da Universidade Federal de Santa Catarina foi preso preventivamente numa operação policial denominada ouvidos moucos. "Foi para a penitenciária de Florianópolis [...], acorrentaram seus pés, algemaram suas mãos e, posto nu, foi submetido a revista íntima. Um dos agentes ironizou: "viu gente, também prendemos professores".[1] No dia seguinte à prisão, sem que houvesse recurso da defesa, uma nova juíza mandou libertá-lo por não haver nenhum elemento concreto de ameaça contra a investigação, motivo alegado pela polícia para a prisão.

No dia 2 de outubro, menos de um mês depois da prisão, Luiz Carlos Cancellier, o reitor, subiu ao sétimo piso do Beiramar Shopping e atirou-se para o piso térreo. No bolso do cadáver, foi encontrado um bilhete: "A minha morte foi decretada quando fui banido da Universidade". No funeral, o seu melhor amigo, o juiz-desembargador Lédio Rosa de Andrade, dirá sobre o momento da prisão: "Abriu a porta e se deparou com os canos da espingarda e com a câmera de televisão. A sua vida acabou aí".

Até hoje, nenhum crime foi apurado nem ninguém foi acusado. Paulo Henrique Amorim chamou a este caso *o primeiro cadáver da lava--jato*. No dia do suicídio, dizem os jornais, o centro comercial continuou a funcionar normalmente.

---

[1] WEINBERG, Monica; PRADO, Thiago. "Crônica de um suicídio". *Veja*, 10, nov. 2017.

CAPÍTULO I - SÓ AGORA COMEÇOU

14.

A história fala sozinha. No entanto, há um detalhe singular na descrição que o amigo do reitor faz da manhã da prisão, ao qual não sei se prestaram a devida atenção: canos da espingarda e *câmera de televisão*. Eis o que é novo – a televisão como nova arma da violência de Estado.

15.

Concluamos. A prática rotineira da detenção para interrogatório é um abuso, uma deriva legal, um *slippery slope* da coação estatal. O que é verdadeiramente extraordinário é que ela não seja causa de controvérsia no mundo do debate jurídico português – se é que se pode chamar mundo a esse deserto. No Brasil, país onde podemos assistir aos maiores abusos do Estado, mas também aos mais intensos e comoventes debates públicos sobre a justiça penal, a chamada *condução coercitiva*, equivalente à nossa detenção para interrogatório, transformou-se num dos pontos de maior polêmica desde que foi usada contra o Presidente Lula da Silva. Em sentença recente, o juiz do Supremo Tribunal Federal Gilmar Mendes, insuspeito de simpatias com a esquerda política, consideraria tal prática violadora dos princípios constitucionais da liberdade e da presunção de inocência, proibiu o seu uso e classificou-a como abuso de autoridade.[2] A decisão teve apoios e críticas vindas de vários lados, mas o que torna singular a decisão do juiz é que ele viu bem, e viu pela primeira vez, o significado dessa prática – a detenção para interrogatório não é uma pequena coisa,

---

[2] No dia 14 de junho de 2017, depois de um interessantíssimo debate, o Supremo Tribunal Federal do Brasil considerou inconstitucional a prática da condução coerciva por uma maioria escassa de seis votos a favor contra cinco. Foi talvez a primeira vitória da tradição garantista do direito brasileiro depois de iniciada a operação lava-jato. O debate mostrou também ao que conduziu o golpe de Estado: os juízes a discutir política e o Supremo Tribunal transformado em parlamento.

um pormenor, uma bagatela jurídica, como gostam de dizer. Ela representa o início, o primeiro passo, a primeira frincha na armadura democrática das garantias e dos direitos individuais. Ela é o símbolo da agressão, do abuso, da exceção.

Capítulo II

TIRAR OS VIVOS DA LUZ

16.

Interrogatório

Arguido – Imputam-me um crime particularmente ignominio-so, que é o mais detestável que um homem público pode enfrentar – o crime de corrupção. Importam-se de me dizer quando, por quem e em que é que fui corrompido, para me poder defender?

Procurador – Essa investigação ainda agora começou.

17.

"Ainda agora começou". Os modos sombrios do procurador de-saparecem por um instante, substituídos por aquela afirmação enfática, que parece dirigida não a mim, mas a lembrar os outros, os colegas, os superiores, o juiz, da prévia combinação – não me peçam indícios, nem fatos, nem provas; isto está no início e deve começar pela prisão porque só assim podemos descobrir a verdade. No fundo, a veemência do procurador é uma justificação, ou melhor, uma confissão: é preciso prender para investigar, ainda que não saibamos exatamente o quê. O primeiro passo deve ser tirá-lo do espaço público e isolá-lo dos apoiantes. Emparedamento medieval, ainda que temporário: *tirar os vivos da luz*. O método é seguro e tem mostrado resultados – se os metermos todos na prisão, alguém acabará por denunciar alguém.

18.

De resto, isto tem outra vantagem, qual seja a de que, sem acusação em concreto, nada o salvará da suspeita. Só esta conta quando o objetivo é destruir a reputação: suspeito de corrupção. Mas em quê? Quando? Por quem? Não sabemos ainda, mas isso agora não vem ao caso, deixemos para depois, depois do vexame da prisão, depois, para quando a tua palavra já não valer o mesmo que a nossa. E toma atenção: alguma coisa iremos encontrar ao longo desses seis anos de governação, dada a capacidade que já demonstramos de desacreditar e tornar suspeita qualquer escolha ou decisão política. Quando não há nada, inventamos. Simples assim.

E, finalmente, quem se atreverá a contestar a violência da prisão? Sim, quem exigirá provas e fatos que justifiquem a selvageria? Uns ficarão calados e outros aplaudirão. Nós sabemos bem o que fazer e como fazê--lo: perigo de fuga (como hoje tudo isso parece ridículo), perturbação de inquérito, alarme social. Tudo vale para afastar do mundo, para humilhar. Para desacreditar. O plano segue como combinado entre os três – polícia, procurador e juiz. Não temos provas? Oferecemos a prisão preventiva como prova irrefutável, sabendo do aplauso dos jornais amigos, do regozijo discreto da direita política e do apoio ruidoso dos fascistas do PNR, que encontram finalmente o seu novo herói – Alexandre.

19.

A prisão como prova

A prisão preventiva foi utilizada para investigar, mas também para aterrorizar, para despersonalizar e, neste caso em particular, para silenciar. Mas prendeu-

CAPÍTULO II - TIRAR OS VIVOS DA LUZ

-se também para, em certo sentido, "provar". Quem quis esta prisão injusta sabe bem que a prisão funciona como prova aos olhos da opinião pública. A prisão substitui-se assim ao processo, à investigação, à instrução, aos indícios, às provas, ao contraditório, ao julgamento – e até à sentença. É, numa palavra, a prisão como prova. Afinal, se está preso, que mais é ainda preciso provar?

20.

Por enquanto, a prova da prisão basta-nos. Quanto às suspeitas, em breve as publicaremos; não agora, no *frente-a-frente* leal do interrogatório, mas mais tarde nos jornais do costume, quando já não estiveres presente. E elas vão doer porque virão à traição, quando menos esperares. Nessa altura, a tua defesa já não será de igual para igual, pois terás de falar a partir da cadeia – duas chamadas por dia, algumas visitas por semana, enquanto nós teremos todo o tempo do mundo, todos os agentes que quisermos, todas as buscas que encenarmos e tudo devida e ordeiramente reproduzido nas televisões. Sim, usaremos toda a violência que pudermos contra ti, a tua família, os teus amigos, até que estes se cansem, porque sabemos – nós, que andamos nisto há muito tempo, sabemos – que uns se vão acovardar e os outros se vão cansar. O nosso objetivo não é julgar-te; o nosso objetivo é destruir-te a dimensão pública, tirar-te de cena. Faziam-no assim antes, em nome da nação, fazemo-lo agora democraticamente, em nome do povo. O novo punhal de Brutus, o novo golpe de mão, chama-se combate à corrupção. O Ministério Público transformado na arma branca da golpada política – limpo, virtuoso, democrático.

21.

O método consiste em levantar a suspeita e alimentá-la por muito tempo. Aliás, como temos dito e redito e os jornalistas repetido conosco, este crime é difícil de provar. Se não há provas não é porque o crime não tenha existido, mas certamente porque foi disfarçado, escondido –

branqueado. No fundo, há muito que viramos o direito penal do avesso: se és político, tens de provar que não te corrompeste, porque o que é natural é que tenha sido ao contrário. Na magnífica operação lava-jato, que constitui o pano de fundo do golpe político brasileiro, o Presidente Lula foi acusado de possuir o famosíssimo apartamento triplex do Guarujá. O fato de não ser seu proprietário e de o apartamento não estar em seu nome só provava que o referido apartamento lhe pertencia – é evidente que a sua posse tinha sido branqueada, só podia ser isso. A prova é, portanto, não haver prova. Toda uma nova teoria da justiça ou, talvez melhor – a justiça *por outros meios.*

22.

Ponto de ordem. Julgo que não são necessárias longas explicações para as várias referências à situação política brasileira que vão estar sempre a aparecer no texto. Afinal de contas, elas parecem-me óbvias. Mas não sei se serão assim tão evidentes *todas* as razões. A primeira tem a ver, claro, com a semelhança dos casos e a similitude do *lawfare*, ou seja, o uso do processo judicial como arma no conflito político: não podemos vencer-te pela política, vamos-te ao caráter e à integridade. Acontece também que o drama político brasileiro se desenrola enquanto escrevo e tudo ali é irresistível. Depois, e ao contrário do que se passa em Portugal, os abusos judiciais e as questões jurídicas são ali intensamente discutidas no espaço público com uma riqueza de análise e uma valentia política admirável, apesar da parcialidade da imprensa tradicional com o golpe político. Acresce ainda que o Brasil, cuja eleição presidencial se projetará em toda a América, se transformou num interessantíssimo caso de estudo. O que está em causa é saber se o "moderno" golpe de Estado, que agora utiliza juízes e não os tanques (melhor, alguns juízes), terá sucesso ou se será derrotado nas próximas eleições. Depois, e finalmente, confesso que tenho uma profunda admiração pelo comovente companheirismo do Partido dos Trabalhadores com o Presidente Lula. Pronto, está dito. Continuemos.

CAPÍTULO II - TIRAR OS VIVOS DA LUZ

23.

Já na prisão, pensa-se na defesa. É preciso falar, responder, me defender. Aos dias de silêncio forçado, segue-se a decisão de dar uma entrevista. Um jornal combina a entrevista para ser feita numa hora de visita, mas o juiz decide proibir. Com que direito? Nenhum, claro, já que nada disto tem a ver com direito, mas com o poder e a sua exibição. Um distinto professor de Coimbra ainda dirá, com especial fineza, que é preciso pôr-lhe um açaime.[1] Esta gente da universidade (alguns deles, não todos, é claro) é sempre capaz de especial elevação quando encontra uma oportunidade para fazer de *chien de garde* de uma qualquer autoridade.

Mas a entrevista acaba por ser dada, não ao jornal que inicialmente a pediu, mas a uma televisão. Se não é presencial e gravada como desejaria, será por escrito. Não gostam, claro, e reagem como sempre – abrindo um processo e usando o poder da instituição para perseguir o recalcitrante. Desta vez, o caso é de violação de segredo de justiça. De fato, é difícil conceber maior perversidade. Eles que o violaram dias a fio, que deram informações deturpadas e manipuladas a jornalistas para me atacarem, acusam-me agora de, ao defender-me, violar a lei. Tardo a perceber a cultura deles, mas é esta: a defesa é, em si mesma, um desafio difícil de suportar à instituição. Para eles, exercer os direitos de defesa está muito próximo de obstrução à justiça. Sim, para eles a defesa pública é uma insolência que deve ser castigada – processo em cima.

24.

Legítima defesa

Defendi-me publicamente em legítima defesa. Foi o Estado, através dos que agem em seu nome, que violou sistemática e criminosamente

---

[1] O professor de Direito a que faço referência chama-se Jónatas Machado.

o segredo de justiça, divulgando "informações" manipuladas, falsas e difamatórias. Foi o Estado que concebeu e executou a estratégia de "julgamento popular", na qual só pode fazer-se ouvir uma voz — a da acusação — e na qual só pode circular livremente uma versão conspurcada das coisas. Foi o Estado, ignorando os princípios da legalidade e da proporcionalidade, que deteve e prendeu injustamente. Depois de tudo isto acontecer, só a falta de vergonha e o sentimento de impunidade podem explicar o que levou as autoridades a decidir abrir um inquérito de violação do segredo de justiça contra mim.

25.

Dias depois começa o ataque. Aí está a primeira suspeita: a empresa Parque Escolar. É por aqui que começam, pelas obras de requalificação nas escolas públicas, que a direita sempre odiou, que classificou como símbolo do desperdício e que agora o Ministério Público quer transformar em desonestidade. Dizem os jornais que a empresa Lena terá sido a empresa com maior número de adjudicações no projeto de requalificação de escolas públicas, a maior parte delas feita por ajuste direto – a empresa do regime, dizem. Sem o mínimo esforço para comprovar as acusações, os jornalistas vão todos atrás da perfídia – ah, então era isso, foi por isso que foi preso: favorecia a empresa onde estava o amigo, em troca de benefícios. Ninguém pede provas do que afirmam, basta-lhes o escândalo e as audiências do escândalo. De resto, a história está bem contada. Pouco importa saber se é verdadeira.

Sem outra possibilidade no momento, reajo dizendo o que estava em condições de dizer da prisão: nunca na minha vida influenciei ou tentei influenciar qualquer concurso a favor de qualquer concorrente. Isso, simplesmente, não é verdade. Essa imputação é fácil de esclarecer, basta falarem com os ministros, com os dirigentes da empresa, com os júris dos concursos – eles estão em condições de desmentir a acusação e corrigir a injustiça.

CAPÍTULO II - TIRAR OS VIVOS DA LUZ

26.

Mas nada acontece. Os jornais afirmam e afirmam e afirmam como se tudo o que lhes sussurra o Ministério Público fosse absolutamente verdade e nada necessitasse de ser confirmado. Como se eles não fossem uma parte, sendo necessário ouvir a outra. Na verdade, para a atual cultura mediática, nestes momentos só há uma parte para ser ouvida. E essa cultura está tão funda, tão arreigada ao costume, que alguns advogados a aceitam docilmente e nela participam com entusiasmo: este é o tempo do procurador, dizem. Sim, podem insultar os nossos clientes à vontade.

Passam-se dias a fio com as mentiras em várias versões – o projeto da recuperação de escolas públicas como área política de esbanjamento de dinheiros públicos (oh, as torneiras caríssimas das casas de banho), um projeto de negociatas, um projeto de favorecimentos, de ajustes diretos. E os responsáveis da altura, que sabem que nada disto aconteceu, num incompreensível silêncio a que alguns atribuirão razões de prudência e outros de covardia.

27.

Todavia, como sempre acontece nestes casos, o embuste não dura muito. Uns meses depois, chega-me finalmente às mãos o relatório da auditoria realizada pela Inspeção-Geral de Finanças à empresa Parque Escolar, ordenada já pelo Governo de Passos Coelho e que foi publicada em dezembro de 2011. O documento desmente todas as alegações que foram publicadas. *Primeiro fato*: dos 2.283 contratos realizados pela Parque Escolar, a empresa Lena ganhou apenas 14. *Segundo fato*: a empresa Abrantina, do grupo Lena, surge em oitavo lugar – oitavo lugar – na lista das dez empresas com mais valor de obras atribuídas em concurso. *Terceiro fato*: a percentagem de adjudicações a essa empresa é de dois por cento, e não os dez por cento de que fala a acusação, afirmando que tal número está muito acima da quota de mercado da empresa. Erro grosseiro – nunca foram dez por cento, mas dois por cento. *Quarto fato*: mais de noventa por cento do valor de adjudicações que a empresa ganhou foi em concurso público e tendo por único critério de adjudicação o preço mais baixo.

28.

Auditoria, página 53:

"das [...] adjudicações efetuadas a 98 empresas distintas, 30,6% do valor adjudicado foram efetuadas a 8 empresas e 2 consórcios.

Mota Engil – 7,8%

Teixeira Duarte – 4,8% Opway – 2,9%

Construtora San José – 2,8% Hagen – 2,3%

Engiarte (consórcio) – 2,3%

MSF (consórcio) – 2,3%

***Abrantina (do grupo Lena)** – 2% Somague – 1,7%*

Patrícios – 1,6%"

Mais à frente, página 56:

"o critério de adjudicação utilizado nos concursos foi 'o mais baixo preço' não se verificando qualquer subjetividade na escolha das propostas vencedoras."

Estes números são oficiais e públicos. Nos seis anos de processo nunca foram publicados pela imprensa. Repito – *nunca foram publicados pela imprensa.*

CAPÍTULO II - TIRAR OS VIVOS DA LUZ

29.

Onde está agora a empresa do regime? E os jornalistas, o que dizem agora os jornalistas? Afinal, basear uma acusação em números errados parece ser o cúmulo da leviandade, para não dizer pior. Bem, o que se seguiu não podia ser mais decepcionante: ninguém leu a auditoria, ninguém se interessa pelos números e, quando se referem a eles, consideram-nos apenas uma versão, a versão da defesa, como se em matéria de números os dois pudessem ser verdadeiros. Como se tudo isto fosse matéria de opinião e não matéria de fato que se pode comprovar. A verdade parece não lhes importar: há duas versões e, se uma está errada, não acham que seja seu dever referir qual é a verdadeira e qual é a falsa. Já houve tempos em que o jornalista, perante alguém que afirma que está a chover e outrem que afirma o contrário, sentia ser seu dever ir lá fora ver se está de fato a chover. Não mais. Agora a verdade não precisa ser verificada, basta, como dizem, dar as duas versões. A impressão com que fico é que para eles, estando a história tão bem contada, é uma pena que seja mentira. Ou, melhor, tendo já sido contada e com êxito, não vamos agora alterá-la só porque há por aí uns fatos que a colocam em crise. E, bem entendido, fazer um esforço de autocrítica está absolutamente fora de questão. É difícil explicar como é que uma classe, outrora tão avessa aos abusos, se faz agora eco mecânico da voz das autoridades e da violência arbitrária do poder constituído. Com suave lembrança de melhores momentos, uma coisa deve ser dita − no processo marquês o jornalismo foi um fracasso.

30.

Todavia, o que é mais sério é que chegado ao jornalismo, este novo tempo contamina igualmente a doutrina penal. A aliança entre os dois submundos, o do jornalismo e o da justiça, há muito produziu um movimento simétrico: trata-se de pôr de lado os fatos e a busca da verdade para procurar agora as histórias que *pareçam* verdadeiras. Disputando um vasto espaço público à espera de ser preenchido, também a justiça parece ir lentamente adotando o critério do mercado do espetáculo e as suas regras: audiências e vendas de jornais. Abandonemos, portanto, os destroços dos velhos princípios penais – o formalismo, a prova, a certeza, a dúvida razoável, a Constituição. A segurança jurídica evoluirá para a doutrina da convicção; a prova séria e robusta será substituída pela teoria da prova indireta e pela extravagante doutrina do "domínio do fato";[2] a garantia constitucional dos direitos individuais cederá perante um neoconstitucionalismo plebiscitário, de forma a corretamente exprimir o "clamor das ruas". No fundo, todo um novo direito, finalmente aberto a *raciocínios de política* por parte dos magistrados. A história, quando regressa, vem a galope. A singularidade do regime penal estalinista nunca residiu na severidade das normas, mas na sua ambiguidade. O que caracterizou a verdadeira identidade do regime nunca foram as leis muito rígidas, mas o terror de ninguém saber exatamente o que essas leis queriam dizer. Todos podiam ser punidos – por leis que existiam ou por leis que não existiam; por cumprir as leis ou por as violar. A criativa hermenêutica jurídica, o livre convencimento do juiz, a maioria política de ocasião, a acusação fabricada sem provas e perversamente destinada a criar danos políticos, a volúvel opinião pública ligada aos humores da indústria televisiva trouxeram para o Código Penal esse turbilhão, esse alvoroço, esse estado de movimento permanente: já nada nos códigos é seguro, tudo pode mudar a qualquer momento e é impossível adivinhar em que sentido. A lei é incerta, tal como o era ontem a doutrina. Neste rodopio frenético só podemos ter uma certeza – tal como o partido, também elas, as instituições penais do Estado, nunca se enganam. No estado de exceção, a lei é uma emboscada.

---

[2] Foi a interpretação abusiva desta doutrina penal que permitiu à justiça brasileira condenar os políticos acusados no chamado caso mensalão, em particular o então chefe da Casa Civil da Presidência da República, José Dirceu. Claus Roxin, criador da citada teoria jurídica, negou em diversas oportunidades que ela se pudesse aplicar a organismos com existência jurídica, delimitando-a a organizações desvinculadas da ordem jurídica regular.

Capítulo III

O SENHOR DIRETOR

31.

O azedume que as visitas à prisão lhes provocavam. Os jornais exprimem diariamente esse desconforto, quase as tratando como atos de desrespeito institucional, como se alguém, em pecado, se tivesse esquecido de dizer as palavras sacramentais e obrigatórias: confio na justiça. Com frequência, as notícias vêm acompanhadas de explícita censura, ameaças de campanhas nos jornais ou miseráveis insinuações quanto à necessidade de promover futuras investigações aos que, desta forma, os desafiam. Tinham razão, as visitas dão uma dimensão política à prisão que se torna necessário evitar a todo o custo. É preciso acabar o quanto antes com essa peregrinação que teima em mantê-lo nos jornais. Nunca conseguiram, mas esforçaram-se.

32.

António Guterres foi um dos primeiros a visitar-me na prisão. Vindo de Genebra, o seu voo atrasou-se mais de uma hora. Saiu do aeroporto a toda a velocidade para Évora, mas, mesmo assim, chegou

45 minutos depois da hora marcada. Quando começamos a conversar fomos informados por um guarda embaraçado que, tendo a visita a duração prevista de uma hora, ela deveria terminar dali a 15 minutos: mais 15 minutos, disse – instruções do senhor diretor. Ali ficamos, portanto, dois antigos primeiros-ministros, com 15 minutos para estar juntos, de modo a assegurar o estrito cumprimento do regulamento e das ordens vindas de cima. Nenhum de nós tinha ilusões. Afinal, conhecemos bem a história do nosso país, a cultura das nossas instituições e o que alguns dos nossos compatriotas, zelosos homens do Estado, são capazes de fazer em certos momentos.

33.

Volto ao livro e à escrita. Não me posso esquecer de que a dificuldade é a forma, e a forma custa caro. Sobretudo, agora que escrevo sobre a prisão, nada de pieguices. Tudo menos condescendência. Por enquanto, sei claramente o que não quero – nem o relato frio, nem os excessos de indignação, nem a facilidade do sarcasmo. Dizer o que é preciso, mas sem perder a civilidade. Grande parte desta batalha é interior e consiste em não deixar que a violência do passado se transforme agora em ajuste de contas. O ódio, que traiçoeiramente fomentam na imprensa, não me fará perder o coração limpo: não, não sou igual a vós. Não adoto a vossa linguagem nem uso os vossos métodos. Bom, para já, o melhor é fazer o caminho. A escrita é um trabalho sem fim.

34.

O Almeida Santos passou toda a visita a dar-me conselhos úteis de advogado experiente – todos eles muito sensatos e todos eles muito inteligentes. No final, disse-me com aquele tom indulgente que só se adota com os discípulos ou com os amigos de há muito tempo: "Como sempre, não vais fazer nada do que te disse, não é?" Assim foi. Fiz exatamente o contrário do que me recomendou e estou absolutamente

CAPÍTULO III - O SENHOR DIRETOR

convencido de que era este o traço do meu temperamento que mais lhe agradava.

No dia 24 de dezembro de 2015 bateu-me à porta sem aviso para me levar a almoçar ao seu restaurante preferido. Trazia consigo um livro enorme que lhe pesava nas mãos, uma edição monumental d'*Os Lusíadas*:

"Tenho estado a arrumar a biblioteca e ocorreu-me que este livro ficaria bem nas tuas mãos". O livro, que ele tanto amava, nunca mais saiu da minha sala. Umas semanas depois, um ataque cardíaco matá-lo-ia sem sofrimento e sem aviso. Já ouvi dizer a alguém que quando a amizade se junta à admiração, é difícil distinguir esse sentimento do amor. Era qualquer coisa assim que me ligava ao Almeida Santos.

35.

António Campos, 31 de dezembro de 2014:

Na política, como na vida, são as grandes batalhas que fazem a diferença e que marcam para sempre as pessoas. Conheço a solidão da prisão, mas também conheço que quando ela é injusta dá uma força e uma revolta interior que de vencidos, a prazo, somos sempre vencedores.

Meu caro Sócrates, os teus amigos, e são mais do que tu imaginas, estão solidários contigo e sofrem com a injustiça de que estás a ser vítima.

A camaradagem não é simplesmente amizade – ela é a amizade na *ação*. Ela nasce da causa comum e do trabalho que se desenvolve em conjunto, em equipe. Neste sentido, ela deixa de ser apenas um sentimento privado ou íntimo para se elevar a uma dimensão pública e, nalguns casos, política. A velha geração que, em nome da liberdade, construiu o PS como grande partido popular conhece bem o sentimento e sabe o que quero dizer. O António Campos foi um carinhoso amigo e um leal camarada de todos estes anos.

36.

Quanto a Mário Soares, é um caso à parte.

37.

Tenho saudades do José Lello. Tenho saudades da sua alegria e de o ouvir dizer, em voz alta, como detestava os políticos *"que não fazem barulho a andar"*. Em sua companhia nunca conheci nenhum momento de tédio. Faz-me falta.

É uma boa pergunta, a de saber para quem escrevemos. Afinal, a literatura tem sempre um destinatário, embora faça parte do seu encanto deixar em mistério o interlocutor. Por mim, gosto de pensar que escrevemos para nós próprios e para os que nos importam, para os amigos que admiramos e amamos e com os quais, ao longo dos anos, construímos um mundo em comum, de tal forma em comum que não é preciso dizer muito para que nos entendamos. Esta ideia tranquiliza-me. Avancemos.

38.

Mais tarde recebi a simpática visita de dois sócios do Benfica, que, entre outras coisas, me ofereceram um cachecol do clube, que deixaram na recepção da prisão. Dias depois, aproximando-se um jogo de futebol importante, perguntei pelo referido cachecol, tendo-me sido dito que essa questão estava em análise pelo senhor diretor, havendo sérias dúvidas jurídicas quanto à regularidade de tal oferenda por ser uma peça de vestuário que não estava prevista no regulamento. Isso mesmo, peça de vestuário. Decidi então pedi-lo de novo, desta vez por escrito e explicando que o cachecol não era uma peça de roupa, mas sim um adereço ao qual atribuía um certo valor sentimental. Sem receber resposta, requeri de novo a entrega, desta vez ameaçando apresentar

CAPÍTULO III - O SENHOR DIRETOR

queixa por furto. Dois dias depois, um sorridente chefe dos guardas o entregou a mim. Regressei ao refeitório com o cachecol – a entrada foi gloriosa.

39.

A propósito, quero deixar registrada a visita que Pinto da Costa, o Presidente do Futebol Clube do Porto, me fez à prisão. Não éramos próximos, não frequentávamos os mesmos círculos sociais, nem éramos do mesmo clube. Talvez por isso a visita tenha sido tão importante para mim. Quando chegou à prisão disse aos jornalistas: "Venho visitar uma pessoa por quem tenho muita consideração." O seu gesto deixou-me muito sensibilizado – e quero que ele saiba.

40.

Ah, as botas, o magnífico episódio das botas. No inverno, o gabinete do diretor, que tinha ar condicionado, transformava-se no espaço mais quentinho e confortável da prisão. Foi aí que, depois de muita gaguez e aproximações titubeantes ao assunto, o senhor diretor me revelou o motivo do inesperado convite para o visitar: as botas que eu usava. Assegurando que o fazia a contragosto, pediu-me que as entregasse, já que, após mais uma cuidada ponderação jurídica, tinha chegado à conclusão de que o regulamento não permitia o seu uso. As botas em questão eram uns botins que calçava desde o início do inverno, e que não mais tinha deixado de usar. O silêncio que se seguiu ao pedido deu-me tempo para organizar a raiva surda e preparar a resposta – considerava revoltante ser convidado para me desfazer das botas que me protegiam do frio da prisão no único gabinete aquecido do edifício e, não, não lhe entregaria as botas. Se bem me lembro, apelou ao meu bom senso, explicando que já tinha feito um despacho e a situação teria de ser resolvida. Desta vez, a resposta foi rápida: pois bem, se o quisesse fazer, teria de recorrer à violência e ficava avisado – eu resistiria a essa violência, eis todo o bom senso de que era capaz. Isto dito, levantei-me e, com toda a soberba de que fui capaz, disse-lhe que considerava o gesto tão mesquinho e indigno que não mais o autorizava a dirigir-me a palavra enquanto eu ali estivesse. Disseram-me mais tarde que o que mais o surpreendeu foi ter usado a palavra autorizar.

41.

Talvez seja instrutivo ir um pouco mais longe neste caso das botas. O seu uso nunca tinha sido questionado até ao momento em que um sindicato de guardas prisionais decidiu levantar nos jornais o delicadíssimo problema de constituir não apenas uma violação regulamentar, mas também um gravíssimo precedente capaz de ameaçar a segurança de todo o espaço prisional. Os bravos sindicalistas tiveram o cuidado de as apresentar como um "privilégio", o senhor procurador pediu informações ao sindicato sobre esses privilégios (esse miserável despacho consta do processo) e os rapazes dos jornais fizeram o resto – não é necessário que as histórias sejam verdadeiras, bastando que sejam verossímeis: gente poderosa com privilégios na prisão, como duvidar? De qualquer forma, a coisa desenvolveu-se assim. O despacho do senhor diretor foi feito, os guardas registraram a minha recusa, pediram novas orientações, e os meus advogados requereram uma providência cautelar ao tribunal, o que levou então o senhor diretor a considerar sensatamente que, tendo esta providência efeito suspensivo, a execução da ordem ficaria a aguardar a decisão do tribunal. Pronto, o tribunal nunca mais disse nada e nunca mais se falou em botas, que pude conservar por todo o inverno.

42.

Tribunal Administrativo e Fiscal de Lisboa

Providência cautelar de suspensão de ato administrativo

CAPÍTULO III - O SENHOR DIRETOR

1.º

No dia 12 de Janeiro de 2015, foi o Requerente notificado, nos termos constantes do documento n.º 1, para, até ao dia 19 de Janeiro, "providenciar a substituição do calçado constituído por botas, que nesta data tem na sua posse, por calçado constituído por sapatos e/ou sapatos de desporto ou ténis", isto com fundamento no "Despacho n.º 3/RGEP/2013, de 12 de Setembro, por referência aos art. 37.º, n.º 3, b), e 42, n.º 1, ambos do RGEP", que, ali se diz, "não permite que os reclusos tenham na sua posse calçado constituído por botas".

2.º

A verdade, porém, é que o citado Despacho n.º 3/RGEP/2013, de 12 de setembro, nada dispõe, ou deixa de dispor, designadamente proibindo, sobre o uso de botas (enumera os objetos de vestuário e de calçado que o recluso "pode ter no seu espaço de alojamento"), dali não se retirando, por um lado, que o uso de botas se encontre vedado…

43.

E pronto, as disputas jurídicas conduzem-nos por vezes a estes inesperados píncaros da filosofia do direito: apurar se um despacho que fala em dois pares de sapatos deve ser entendido no sentido estrito (nada mais é autorizado que não seja sapatos) ou se o infeliz diretor-geral que o redigiu queria dizer, de fato, dois pares de calçado. Na verdade, é bastante cômico que se tenha de ir a um tribunal defender o uso de botas na prisão. Mas é exatamente o que acontece quando o sistema se organiza para te atingir – ou te defendes com firmeza ou são capazes de coisas que nunca pensaste ser possível um ser humano fazer. A história não é sobre botas de inverno nos espaços prisionais, mas sobre mesquinhez e velhacaria.

44.

Há na literatura política um recorrente debate a propósito da burocracia e dos aparelhos administrativos. Quem acertou em cheio na descrição desse mundo foi Bourdieu, que se refere ao homem do aparelho como aquele cujo sucesso não depende de ser o mais medíocre, mas de nada ter de extraordinário, nenhum sopro vital que o leve a tomar liberdades ou a *fazer espertezas*. Bem vistas as coisas, a característica determinante no aparelhismo não é a mediocridade, mas a honesta mediania. O melhor dos *apparatchicks* é o homem sem espírito, sem ambição e sem nenhuma outra empatia que não seja com o próprio aparelho, *a quem deve dar tudo na esperança de dele receber tudo, já que fora dele nenhum deles vale nada.*[1] O modelo perfeito é, portanto, o do personagem obediente, capaz de se anular completamente para, mecanicamente, defender a norma, o regulamento, defender a hierarquia. Cumprir com zelo as ordens vindas de cima. Depois de tantos anos, posso assegurar, com elevado grau de certeza, que nunca conheci ninguém tão perto desse *ideal-tipo* como o senhor diretor da cadeia de Évora.

45.

Finalmente, o episódio da pulseira eletrônica. Compreendamos, primeiro, o funcionamento do esquema. A pulseira opera como prêmio das autoridades para quem se portar bem, isto é, para quem falar ou denunciar, sabe-se lá quem ou sabe-se lá o quê. O plano é este: seis meses de prisão para ver se alguém fala; se falares, vais para casa com pulseira eletrônica, e, na maior parte dos casos, as vítimas agradecem a generosidade. Na verdade, a pulseira eletrônica é apenas um instrumento na engrenagem do uso ilegítimo da prisão preventiva como parte da investigação, como tortura física e moral para obter confissões: só sais se falares. A pulseira é o prêmio para a delação, é assim que funciona.

---

[1] BOURDIEU, Pierre. *Choses Dites*. Paris: Éditions de Minuit, 1987, p. 199.

CAPÍTULO III - O SENHOR DIRETOR

O plano só dá sinais de não funcionar quando as pessoas nada têm a dizer para além da verdade e quando esta é inconveniente para as autoridades. Nesse caso, ao fim dos ditos seis meses, começam lentamente a desgraduar, disfarçando o fracasso: da prisão para a pulseira, da pulseira então para a liberdade. O que é preciso evitar a todo o custo é o espetáculo da saída da prisão – isso seria visto como uma derrota e, como sabemos, o mais importante é proteger o prestígio e a reputação das instituições, já que, para os espíritos que apenas servem a nação, a dos indivíduos nada vale. Ao longo de todo esse tempo de prisão, é a conversa do costume: três meses depois as provas estão consolidadas; seis meses depois as provas estão robustas; nove meses depois o conjunto probatório está finalmente sólido. Na verdade, trata-se de mentir e mentir e mentir apenas para manter a face e disfarçar a verdade. Prendem na expectativa de obter uma qualquer autoincriminação que compense a falta de fatos e de provas. Se isso não acontece, então têm de seguir em frente, fingindo que nada aconteceu – as instituições nunca se enganam.

46.

Todavia, este instrumento tem um pequeno detalhe. Ele constitui, no plano geral orquestrado, o primeiro e único momento que escapa à decisão arbitrária do procurador e do juiz, porque depende também, na legislação portuguesa, do assentimento do próprio. Na reflexão sobre o que fazer, o conselho dos advogados foi unânime: nunca ninguém disse que não, estará melhor em casa, é uma melhoria, uma evolução. Sim, sim, tudo isso é certo. No entanto, durante a conversa, um deles confessou o seu duplo sentimento: como seu advogado espero que aceite; como seu apoiante, espero que lhes diga não. Acertou em cheio.

JOSÉ SÓCRATES

47.

Digo não

A minha prisão constituiu uma enorme e cruel injustiça. Seis meses sem acusação. Seis meses sem acesso aos autos. Seis meses de uma furiosa campanha mediática de difamação, permitida, se não dirigida, pelo Ministério Público. Seis meses de imputações falsas, absurdas e, pior, infundamentadas, o que significa que o Ministério Público não as poderia nem deveria fazer, por não estarem sustentadas nem em indícios, nem em fatos, nem em provas. Seis meses, enfim, de arbítrio e de abuso.

Por outro lado, não posso aceitar aquilo que, para mim, está diante dos olhos: a prisão preventiva usada para investigar, para despersonalizar, para quebrar, para calar, para obter sabe-se lá que "confissões". Também não pactuo com a utilização da prisão domiciliária com vigilância eletrônica como instrumento de suavização, destinado a corrigir erros por forma a parecer que nunca se cometeram. Estas "meias libertações" não têm outro objetivo que não seja disfarçar o erro original e o sucessivo falhanço: depois de seis meses de prisão, nem fatos, nem provas, nem acusação.

Meditei longamente nesta decisão, no que ela significa de sacrifício pessoal e, principalmente, no sacrifício que representa para a minha família e para os meus amigos, que têm suportado esta inacreditável situação com uma extraordinária coragem. Todavia, o critério de decisão é simples – ela tem de estar de acordo com o respeito que devo a mim próprio e com o respeito que devo aos cargos públicos que exerci. Nas situações mais difíceis, há sempre uma escolha. A minha é esta: digo não.

48.

Resposta do juiz:

No entendimento do Juiz de instrução criminal signatário, que aqui se assume também como destinatário da frase lançada pelo arguido Engenheiro José

CAPÍTULO III - O SENHOR DIRETOR

Sócrates Carvalho Pinto de Sousa "que cada um assuma as suas responsabilidades", o JIC signatário assume as suas referindo expressamente que... deve o mesmo manter-se em prisão preventiva.

Eis a única gramática que conhecem, a da retaliação. Nunca conviveram com outro mundo que não fosse o do poder autoritário. A sua formação, a sua cultura, o mundo em que se movem, não é o da pluralidade, da tolerância, da civilidade ou o do respeito, e às vezes até o da admiração pelos adversários – o mundo deles é o monopólio do uso da força, só conhecem o mando e a obediência. O exercício do direito previsto na lei é visto por estes personagens como um desafio à sua autoridade. Por um momento, parece que não comandam o jogo e sentem que ficaram mal vistos. Imperdoável. A recusa vai custar-te mais três meses de prisão – eis tudo aquilo de que são capazes: exibir perante todo o país a sua cultura de poder arbitrário e vingativo. Bravo.

49.

A aquiescência ilumina o rosto. A recusa dá-lhe beleza.[2]

---

[2] CHAR, René. "81". *Feuillets d'Hypnos*. Paris: Gallinard, 2007, p. 29.

Capítulo IV

O NADA, O VAZIO

50.

A 4 de junho de 2015, seis meses depois da prisão:

"Debalde procuramos indícios dessa matéria no requerimento e decisão ora recorrida, mas sobretudo procuramo-los nos fatos imputados ao recorrente aquando do 1.º interrogatório [...]. Ante a sua inexistência partimos para a integral audição daquele interrogatório [...]. Do que ouvimos (incluindo os excertos de algumas das escutas telefônicas que o MP entendeu ser relevante passar durante esse ato), constatamos que em momento algum o recorrente foi confrontado com quaisquer fatos ou indícios concretos suscetíveis de integrar o crime de corrupção. E seguramente não o foi porque simplesmente no extenso rol de fatos (recheado de expressões conclusivas e dedutivas) que o MP lhe imputou eles inexistem".

51.

O que leram acima é uma pequena transcrição do voto do juiz desembargador José Reis, do Tribunal da Relação de Lisboa. É um voto de vencido, mas, por diversas razões e também por essa, ele adquire uma singularidade muito especial na história deste processo. Pela primeira vez, um juiz relator de um tribunal superior quis tomar conhecimento da *substância* dos autos, procurou os indícios de delito em todo o lado, primeiro, na decisão, na qual nada constava, depois, na imputação de fatos, na qual nada encontrou, e, finalmente, no interrogatório – "debalde procuramos indícios", diz ele. Seis meses depois da prisão, um juiz afirma que fui preso *sem haver indícios ou fatos* da prática do crime de corrupção. Diz o voto do juiz:

"No fundo, este tribunal fica sem saber o que, concretamente, com relevância criminal, se está a investigar, pelo que não pode conceder o seu aval àquilo que desconhece. Ou seja, se se ignoram os indícios dos fatos que se projetam demonstrar não se pode fazer um juízo fundamentado acerca da complexidade da investigação, sendo certo que não há complexidade alguma em investigar o nada, o vazio".

52.

"O nada, o vazio". Finalmente um juiz zeloso, que não o juiz de instrução, procurou avaliar a *matéria de fato* existente, o verdadeiro *conteúdo* do processo, não se pronunciando apenas sobre a matéria de direito. A sua conclusão é devastadora. É talvez o primeiro a reparar que a enxurrada de fatos descritos só existe para fingir, o que sempre me fez lembrar a imaginativa ideia do Exército holandês de colocar na frente de batalha, durante a Segunda Guerra Mundial, espantalhos entre os seus soldados, de forma a fazer crer ao inimigo que eram muitos. Sim, são muitos, mas não passam de espantalhos. Na verdade, como refere o juiz, alguns deles nenhuma relevância criminal têm, pela simples razão de que um dos objetivos da investigação sempre foi a devassa da vida privada e o puro insulto. No mais, no que é importante, no que está verdadeiramente em causa, é isto: *debalde procurámos indícios*. Seis meses depois do espetáculo da detenção, seis meses depois da violência da prisão e um ano e meio depois de iniciado o inquérito, um juiz di-lo com todas as letras – resta *o nada, o vazio.*

CAPÍTULO IV - O NADA, O VAZIO

53.

Voto de vencido. Apesar de vencido, o seu autor, que foi o juiz relator do recurso, exigiu que este figurasse no acórdão, para que não houvesse dúvidas quanto à sua posição e quanto à sua divergência. As duas juízas-desembargadoras que subscreveram o acórdão que viria a alterar o relatório inicial fundamentam o seu voto, se bem compreendo, no entendimento de que o processo tem milhares de páginas (oh, os extensos relatórios do inspetor de finanças descrevendo, desde a nascença até à atualidade, a vida das sociedades comerciais); que são várias as entidades a investigar; que são várias as cartas rogatórias expedidas e que são ainda inúmeros os suspeitos a ouvir. No fundo, o mesmo argumento que lemos nos pasquins – como são extensas e complexas estas investigações sobre corrupção. Assim sendo, decidem permitir que o Estado prenda preventivamente um cidadão durante um ano sem formular acusação. Um ano sem acusação. Para esta violência sobre os indivíduos não há nenhuma palavra das senhoras juízas, só as necessidades da investigação parecem contar. Na verdade, apercebo-me agora, há muito que as sentenças dos nossos tribunais transformaram o que a lei prevê como excepcional, numa rotina que se cumpre sem contestação. Quanto ao que é dito pelo seu colega, quanto ao que ele escreve sobre a substância do processo de que *nenhum indício* ou fato de corrupção existiu ou existe no processo, isso parece não vir ao caso. Eis o aspecto mais cínico do exercício de poder – o de simplesmente ignorar. No entanto, não raras vezes esses escritos regressam para assombrar.

54.

Seja como for, um golpe duro. Para o Ministério Público ele significou o descrédito da prisão: afinal, prenderam sem provas, sem fatos e sem indícios. Mas talvez o mais importante é que ele expôs as sucessivas mentiras – primeiro, os indícios eram fortes; depois, as provas estavam consolidadas; depois, as provas estavam mais consolidadas ainda. Agora, seis meses depois da prisão, diz o juiz: não há indícios nem fatos e muito menos provas. Ao longo de todo este período, o que mais impressiona é a facilidade com que as autoridades recorrem à falsidade para disfarçar a vacuidade do processo.

Abalados, não pensam em recuar. Mais uma vez, como todos os que se julgam intocáveis, não invertem a estratégia, ampliam-na. A tarefa principal passou imediatamente a ser a de enterrar o mais possível este voto – não deve ser lido, não deve ser ouvido, não devia sequer ser público, mas, sobretudo, não deve ser reproduzido na comunicação social. Mobilizam, então, toda a sua indústria de jornais, televisões e comentadores com o objetivo não apenas de desacreditar o voto, mas de desacreditar também o herético juiz que se atreveu a pôr em causa a justiça oficial do juiz Alexandre. A seguir, intensificam a campanha nos meios de comunicação social, com mais buscas, com mais suspeitas, com mais interrogatórios.

O processo há muito que deixou de ser uma investigação criminal para se transformar numa caça ao homem.

55.

Prender na opinião pública

Por estranho que pareça – e deve parecer, porque não conheço nenhum caso semelhante –, a corrupção em nome da qual me sujeitaram à infâmia desta prisão preventiva é uma pura invenção, uma "hipótese de trabalho" da investigação, um crime presumido, sem qualquer concretização ou referência no tempo ou no espaço, e do qual não há, nem pode haver, indícios ou provas, pela simples razão de nunca ter acontecido.

Ao que está dito, acrescento apenas a observação seguinte: à prisão física sempre quiseram somar, em certo sentido, a prisão na opinião pública. Tudo isto é muito revelador da verdadeira motivação desta investigação. Quem imputa crimes sem fundamento não faz mais do que ofender e difamar. Quem prende para investigar e usa a prisão como única prova não só nega a justiça democrática, como

CAPÍTULO IV - O NADA, O VAZIO

a coloca sob a horrível suspeita de funcionar como instrumento de perseguição política. Verdadeiramente, esta operação não nasceu para perseguir um delito, mas para me atacar pessoalmente. Não foi uma investigação a um crime, foi uma caça ao homem – operação marquês.

56.

Uma das mais interessantes aprendizagens ao longo deste período foi perceber o quanto as instâncias judiciais – que, acreditávamos, se concentrassem nos autos e nos fatos – estão, primordialmente, preocupadas com a sua imagem pública. Como qualquer político imaturo, vivem concentrados no que diz a comunicação social e a sua dependência não parece ser a da lei, mas do que diz o jornal das oito. Ao contrário do que pensamos, a condução do inquérito é feita a pensar na galeria de espectadores e qualquer coisa que não corra bem os assusta e indigna. Seja como for, e para voltar à nossa história, depois do voto do juiz, a maior preocupação dos procuradores passou a ser disfarçar a dança em que se transformou o processo, saltitando de uma teoria para outra de cada vez que a anterior esbarra contra a verdade. Bem vistas as coisas, a investigação já "acreditou" em tudo e no seu contrário: que a corrupção, que estaria na origem de tudo, foi praticada em Portugal, em Angola, na Venezuela, talvez na Argélia, de novo em Portugal, mas no Algarve, e também teve trânsito no Brasil. Já "acreditaram" também que ela aconteceu nas parcerias público-privadas rodoviárias, no Parque Escolar, no TGV e até no aeroporto, que nunca foi feito, embora sem jamais esclarecer com que intervenção minha, nem indicar em concreto o ato que consideram ilícito. O agente corruptor começou por ser o conjunto das empresas do engenheiro Carlos Santos Silva, a seguir foi o Grupo Lena, mas evoluiu depois, sem pestanejar, para promotores turísticos e imobiliários com interesses no Algarve, explorando agora novas oportunidades no filão do mercado brasileiro. Perante isto, os próprios pressentem que tanta teoria talvez esteja a ser demais para a opinião pública e talvez esteja a inquietar alguns espíritos mais exigentes nos organismos judiciais que assistem ao espetáculo, desconfiados. Conhecedores há muito tempo do voto de vencido, preparam a resposta.

Ao mesmo tempo que fazem mais buscas e levantam mais suspeitas, chegou o tempo de concretizar as imputações e preencherem o *nada, o vazio*: entra então em cena o PROTAL, Plano Regional de Ordenamento do Território do Algarve, cuja história contarei a seguir.

Capítulo V

SE NÃO FOSTE TU

57.

O segundo interrogatório realizou-se a 27 de maio de 2015 e dele recordo um pormenor divertido. A sessão foi longa e cheguei tarde à prisão de Évora. No dia seguinte, um amigo veio contar-me o relato do interrogatório que lhe foi feito pelo guarda prisional que me acompanhou: "Fernando, aquilo ontem foi o fim do mundo. Estava à porta e escutei tudo: não têm nada contra ele, aquilo é tudo política. Ele é que fazia as perguntas e pedia as provas. Nunca tinha visto nada assim". Três anos mais tarde, quando a SIC (em nome do superior interesse público, podia ser lá outra coisa) decidiu passar na televisão os interrogatórios, as mensagens que recebi diziam o mesmo: "Afinal, onde estão as provas?".

58.

De qualquer forma, este segundo interrogatório ganha lugar na história do processo por ser a primeira vez que me é referido um fato de corrupção. *Seis meses depois da prisão*, eis o ato ilícito: a aprovação, em

Conselho de Ministros, do Plano Regional de Ordenamento Territorial do Algarve, o PROTAL, que terá tido como objetivo "beneficiar o empreendimento de Vale do Lobo, concretamente, a respetiva estrutura acionista". O PROTAL torna-se assim um símbolo – não apenas por ter sido o primeiro, mas também por ter sido o único fato concreto de corrupção que me foi formalmente apresentado no espaço de dois anos e meio após a prisão. Sobreviveu todo esse tempo nos jornais e nas televisões até desaparecer sem glória, afogado em ridículo e em disparate. Vale a pena conhecer a sua história.

59.

Confrontado pela primeira vez com a acusação concreta, expliquei, no interrogatório, que não sabia quem eram os acionistas do empreendimento de Vale do Lobo, que não conhecia o presidente do conselho de administração da empresa (perguntaram duas vezes, como se fosse surpresa para eles), que não conhecia o senhor de nacionalidade holandesa que era mencionado nos autos (autor de uma transferência à qual sou totalmente alheio e que os investigadores consideravam suspeita), nem nunca tinha discutido o empreendimento de Vale do Lobo fosse com quem fosse. Em suma, Vale do Lobo não me dizia nada – nem como tema pessoal, nem como tema político.

Depois, expliquei pacientemente ao procurador porque é que a imputação me parecia estapafúrdia. Desde logo porque, tendo sido ministro do Ambiente e do Ordenamento do Território, conhecia suficientemente a legislação em vigor para saber que os planos regionais de ordenamento do território *não conferem quaisquer direitos a particulares*, tendo as suas normas uma natureza estratégica, de definição de grandes linhas de orientação para o ordenamento territorial de uma determinada região, que deverão ser depois seguidas pelos planos diretores municipais ou pelos planos de pormenor. Assim sendo, a aprovação do PROTAL não poderia ter atribuído qualquer *benefício ao empreendimento de Vale do Lobo*. Além disso, referi também, a memória que tinha do referido plano é que ele tinha sido contestado por ser restritivo e que me parecia,

CAPÍTULO V - SE NÃO FOSTE TU

portanto, impossível que pudesse favorecer qualquer empreendimento turístico – fosse o de Vale do Lobo ou qualquer outro. Em suma, a acusação parecia-me absolutamente infundada e absurda.

O procurador ouviu de forma impassível, sem argumentar. Pareceu-me sinceramente que não tinha a menor ideia do que era um plano regional de ordenamento e que o caso do PROTAL não passava de uma tentativa desesperada de arranjar alguma coisa sobre o tema da corrupção. Começava a ser verdadeiramente escandaloso que, seis meses depois da prisão, não houvesse nem fatos, nem provas, nem acusação do principal crime que me era imputado. Saí do interrogatório convencido de que, no respeitante ao PROTAL, me parecia ser o fim da conversa. Estava enganado. O caso estava apenas no início.

60.

Terminado o interrogatório, o inquérito prossegue no local onde o Ministério Público se sente mais à vontade – as páginas dos jornais. Agora a suspeita já não é o plano propriamente dito, mas uma *retificação* à versão inicial do plano, relativa à zona terrestre de proteção.

Os jornais adoraram este pormenor – oh, *retificação*, lá está, só pode significar benefício escondido. O ministro do Ambiente[1] da altura

---

[1] Em 2005, convidei o Prof. Francisco Nunes Correia para ministro do Ambiente por o considerar uma das mentes mais brilhantes e esclarecidas que conheci nos círculos políticos da política do ambiente no início da década de 90. Desde o primeiro momento em que foram tornadas públicas as primeiras suspeitas a propósito do PROTAL, decidiu reagir publicamente, desmentindo com firmeza as acusações e manifestando a sua estupefação perante as suspeitas, completamente infundadas. Pediu para ser ouvido pelo Ministério Público, deu todas as explicações no processo e, como referi acima, enviou posteriormente ao interrogatório uma nota técnica para esclarecer a questão da zona terrestre de proteção. No meio de um ambiente de grande hostilidade promovido pela acusação, aceitou ir às televisões para me defender, para defender o Governo a que pertenceu, para defender a equipa técnica da administração que elaborou o plano e, finalmente, para defender os méritos de um plano que, longe de ser permissivo à construção ou amigo dos empreendimentos turísticos, era um plano cuja principal ambição era a

interveio no debate público para defender o plano e, numa nota técnica enviada ao Ministério Público, explicou que a retificação em causa se fez para prevenir quaisquer ambiguidades que pudessem resultar do fato de o mesmo conceito ter duas formulações distintas no mesmo diploma. No entanto, não havia dúvidas de que as duas versões eram equivalentes, não trazendo a referida retificação *nenhuma alteração substancial* ao plano. Ao fim de meses de insistência nos jornais, os fatos acabaram por se impor: as duas versões são, nas suas consequências, exatamente iguais e, portanto, daí não poderia advir qualquer benefício, fosse para quem fosse. A suspeita parecia vencida.

61.

Ficamos por aqui? Ainda não. Tudo tendo sido desmontado, é altura de o Ministério Público usar as televisões para publicitar a nova suspeita, recentemente descoberta: desta vez é relativa ao ponto nº 6 da resolução do Conselho de Ministros que aprovou o plano e que consagra uma *norma de exceção* à aplicação das orientações. Norma de exceção, nova suspeita, nova longa batalha de explicação.

Primeiro: a referida norma de exceção foi elaborada pela CCDR--Algarve e foi incluída na sua proposta inicial e colocada em consulta pública em agosto de 2006. Ela teve, portanto, uma *origem técnica,* fundada numa prática de bom planeamento e que visava a aplicação dos princípios constitucionais de proporcionalidade, segurança jurídica e proteção da confiança. *Segundo*: a norma de exceção constitui também uma técnica legislativa habitual. Normas equivalentes de salvaguarda genérica foram utilizadas na elaboração de diferentes Planos Regionais

---

conservação do património natural e a proteção ambiental. A serena bravura com que combateu sozinho deixou-me no espírito uma forte impressão de admiração. Quando, meses mais tarde, me encontrei com ele, disse-me que apenas tinha cumprido o seu dever para consigo próprio e para com o Governo de que tinha feito parte. Disse-me também, com bom humor, que finalmente alguém lhe tinha dado a oportunidade de explicar o plano pelo qual tanto se tinha batido.

CAPÍTULO V - SE NÃO FOSTE TU

de Ordenamento. *Terceiro e, julgo eu, definitivo:* a cláusula de exceção em causa *não* se aplicou a Vale do Lobo, já que à data da sua entrada em vigor não havia qualquer plano de pormenor ou de urbanização em elaboração para aquela zona. A invocação desta norma como destinada a atribuir uma vantagem ilegítima é, portanto, absurda.

62.

O direito do ordenamento é literatura árida e fico com dúvidas se a história não estará detalhada demais. Não vejo, todavia, outra forma de a contar sem estes pormenores que, se hoje parecem infinitamente ridículos, durante dois anos de intensa campanha mediática eles foram levados muito a sério. Para quem acompanhou o processo e não se perdeu nas múltiplas patranhas que os vários jornais contaram, a imputação do PROTAL pareceu exatamente aquilo que foi: um ato de *desespero* da investigação para encontrar indícios suspeitos, quaisquer que fossem. Primeiro, foi o plano em si; depois, foram as consequências indiretas; depois, ainda, as retificações, depois as exceções. Dois anos e meio passados, acaba abandonada no caminho, deixando o seu miserável rasto: a tentativa de transformar um ato meritório do Governo[2] em ato duvidoso, se não desonesto, através de uma maldosa campanha midiática promovida criminosamente pelo próprio Ministério Público.

---

[2] O presidente da Câmara de Vila Real de Santo António, Luís Gomes, acompanhou a elaboração do PROTAL durante os seus mandatos e sobre ele escreveu a sua tese académica de mestrado. Foi um dos que se pronunciou publicamente sobre o tema, defendendo o plano e refutando as suspeitas que todos os dias lia nos jornais: "não podia suportar calado tanta inverdade, fui testemunha de que as coisas não se passaram assim", disse-me mais tarde. Foi o único adversário político que teve a coragem de falar em minha defesa e em defesa de uma ação positiva de um Governo que ele não apoiava. A vida política é dura, muitas vezes impiedosa e muitas vezes cruel, mas também encontramos nela, porventura com mais frequência do que se imagina, os gestos mais nobres, íntegros e decentes de que os homens são capazes.

63.

Não, não se tratou de qualquer equívoco ou mal-entendido. Afinal, o Ministério Público bem sabia que não determinei o início do plano, não influenciei qualquer aspecto dos seus termos, não propus a sua aprovação, não dei nenhuma orientação, nem discuti tal matéria com qualquer técnico envolvido ou com qualquer membro do Governo. Na verdade, o que esta lamentável história revela é a atitude de absoluta má-fé do Ministério Público, a quem nunca importou nem a verdade, nem a justiça, vendo apenas nesta imputação a oportunidade de salvar a face de uma prisão injusta, justificar a acusação de corrupção e lançar a infâmia sobre o Governo a que presidi. No final, quando desistiram da acusação, não pediram desculpas pela campanha que promoveram nos jornais, pelas horas e horas de televisão feitas com base numa imputação completamente desatinada e pelos danos que causaram. Não se tratou de um erro, mas de uma canalhice – é esse o nome que se dá ao ato de fabricar uma acusação penal sem que haja qualquer fundamento ou justificação. A experiência deste processo ensinou-me que o conflito penal pode ser violento no confronto entre acusação e defesa, mas nunca me passou pela cabeça que uma das partes, logo aquela que tem responsabilidades públicas, pudesse atuar nesta disputa de modo tão desleal, tão desonesto e tão injusto. Na verdade, para a equipe de investigação, as coisas tinham-se tornado muito pessoais.

64.

De repente, muda a narrativa oficial. A história de Vale do Lobo não acaba, mas muda o relato – *se não foste tu, foi o teu pai.*[3] Se não foi o PROTAL, foi o financiamento; se não houve corrupção no PROTAL, houve então no empréstimo da Caixa concedido ao empreendimento. De um momento para o outro a acusação deixa de ser a aprovação

---

[3] Trecho da fábula "O Lobo e o Cordeiro", de Esopo.

CAPÍTULO V - SE NÃO FOSTE TU

do plano para ser o crime de ter nomeado o Dr. Armando Vara para a administração da Caixa Geral de Depósitos. No texto, vem assim: "[...] tendo conhecimento da operação de financiamento em causa [...] aceitou vir a manifestar o seu apoio às decisões que viessem a ser proferidas".

A acusação é, desde logo, disparatada, porquanto a administração da Caixa Geral de Depósitos não precisa nem pede o apoio do Estado para fazer prevalecer decisões de concessão de crédito e muito menos o pede depois de decidir concedê-lo. Essas decisões são tomadas pelos órgãos do banco, sem necessidade de consultar previamente o acionista e muito menos necessitam de qualquer conforto político posterior. Por outro lado, tudo isso foi desmentido pela administração do banco. As declarações dos vários membros dos conselhos de administração, ouvidos a este propósito em várias comissões de inquérito parlamentar, são claras – ninguém consultou ou discutiu com a tutela governamental tal negócio. Na verdade, a questão coloca-se assim: ou estão todos a mentir, eu próprio, o ministro das Finanças, o secretário de Estado e do Tesouro e todos os membros da administração do banco, ou quem mente é o Ministério Público. Esta última é, sem dúvida, a mais plausível.

65.

Olhemos melhor a base da acusação. O indício principal, se assim podemos dizer, é que Armando Vara terá sido nomeado por minha indicação. Acontece que isto é absolutamente falso. Para o comprovar, bastará ouvir o depoimento do então ministro das Finanças, Teixeira dos Santos, na Comissão de Inquérito Parlamentar:

"O primeiro-ministro nunca me pressionou no sentido de fazer qualquer mudança, nem de nomear fosse quem fosse para a CGD. Foi iniciativa minha. [...] Santos Ferreira e Armando Vara foram escolhas minhas. [Armando Vara] fez carreira na Caixa, era diretor, tinha conhecimento dos cargos de direção da Caixa e capacidade de liderança [...], era uma pessoa conhecida e cumpria o critério de ser alguém com carreira na Caixa. Foi meu colega no Governo de Guterres, que eu conhecia, o que me dava algum conforto."

Nunca me pressionou e nunca indicou ninguém, diz o antigo ministro – a mudança na administração foi *iniciativa minha* e os nomes escolhidos foram *escolhas minhas*. O depoimento não podia ser mais claro e mais demolidor da tese da acusação. De fato, assim foi. Mas gostaria de juntar um outro pormenor, porque me lembro muito bem da manhã em que o ministro das Finanças me apresentou a lista. Depois de me dar a conhecer os nomes que tinha escolhido e os critérios que tinha seguido, levantei reservas à nomeação de Armando Vara e falei--lhe das possíveis leituras políticas que já antecipava. Respondeu-me exatamente nos mesmos termos com que respondeu agora, mais de treze anos depois: sim, estava seguro da sua escolha, ele era quadro do banco, tinha sido seu colega no Governo e tinha nele toda a confiança. Assim sendo, levantei as minhas reservas que tinham natureza exclusivamente política e a conversa ficou por aí.

Há muitos membros do governo que conhecem esta história, que a testemunharam e que, de forma para mim incompreensível, ficaram todo este tempo em silêncio perante uma acusação que sabem ser falsa e injusta. Mas, enfim, o que interessa sublinhar é que é falso, comprovadamente falso, que tenha combinado com Armando Vara a sua nomeação ou que tenha sugerido sequer o seu nome. Aliás, o mesmo veio a dizer Carlos Santos Ferreira, presidente do conselho de administração do Banco, quando questionado na mesma Comissão: "Nunca falei com o primeiro-ministro antes de ser convidado pelo professor Teixeira dos Santos".

66.

Isto dito, a questão central é a da *seriedade* desta acusação. Na verdade, o mais estranho não é que o Ministério Público tenha mudado de acusação dois anos depois da primeira imputação. Não é sequer que tenha acusado sem provas. O mais desconcertante é que tenha acusado *após ter reunido suficientes provas de que a sua própria acusação é falsa*. Todas as provas testemunhais e documentos recolhidos provam exatamente o contrário do que é afirmado pela acusação: primeiro, não indiquei

CAPÍTULO V - SE NÃO FOSTE TU

Armando Vara para a administração do banco, tendo até levantado reservas à sua nomeação; segundo, a decisão da concessão do crédito foi tomada pelos órgãos competentes do banco sem nenhuma intervenção da minha parte nem da tutela governamental.

A pergunta que resta é, portanto, esta: a que direito vai a direção do Ministério Público buscar a legitimidade para produzir uma acusação destas? A resposta julgo que se depreende do seu comportamento ao longo de todo o processo. Acusam porque não querem perder a face. Acusam porque o seu desejo, desde o primeiro momento, nunca foi obter provas e fazer justiça, mas enlamear a política, lançando o opróbrio sobre um Governo inocente. Acusam por puro preconceito contra a política ou, melhor dito, preconceito contra uma parte, que nunca lhes agradou, da política, com o consequente benefício da parte com que simpatizam. Mas, no fundo, acusam também por soberba. Protegidos por um juiz indiferente aos direitos individuais, acham que a justiça começa neles e neles acaba – eles investigam, eles acusam e eles condenam nos jornais, nas televisões, na rua. Uma acusação desonesta confere aos procuradores o poder de ferir, de maltratar, de perseguir, de insultar, de intimidar – e o poder vai até ao fim do seu poder.

Capítulo VI

A CLÁUSULA

67.

Hoje passei o dia a reler o que escrevi. Há uma disciplina nisto, nesta leitura em silêncio. É como se nos estudássemos mutuamente, nós e o texto, para verificar o que mudámos, o que podemos ainda mudar e o quanto ele nos mudou. No início, há uma relação de autoridade – torcemos, acrescentamos, riscamos para sempre. Até verificarmos que já tomou conta de nós, que já nada de novo temos a propor. Tirar vírgula, pôr vírgula. Nessa altura, aproximamo-nos do fim.

Comecei temerosamente esta forma de prosa fragmentária inspirado pela peça processual jurídica e pela tradição da literatura francesa – Montaigne, Pascal, Char. Avancei desconfiado e sempre pronto a pô-la de lado. Agora estou satisfeito. Pronto, fica assim.

68.

À medida que avanço, sinto que a linguagem fica mais áspera, mas não posso evitar responder a todas as acusações, apesar de me ocorrer com frequência que talvez isso torne a leitura maçante ou que inevitavelmente me veja a repetir o que disse em outras ocasiões. É o que acontece quando se regressa a um percurso já vivido – o caminho tem de ser feito devagar. É bem possível que já ninguém esteja interessado em conhecer as minúcias do processo, mas não posso evitá-las. São elas, afinal, que estão no centro da disputa. Enfim, procurarei fazê-lo sem excessos e com clareza, mas tenho de o fazer. Encontrar o ritmo certo, é o que preciso. Pronto, feita a advertência, preparem-se: aí vem a história do TGV.

69.

Este ponto da acusação é um portento. Todo um caso de estudo. A análise deve ser feita com cuidado, passo a passo, já que o embrulhado de palavras da imputação não pretende outra coisa senão confundir. Sublinhemos, de entrada, um primeiro ponto importantíssimo. Dizem eles: "excluía das intervenções que assumia poder realizar [...] a interferência direta nas avaliações de concorrentes." Palavras manhosas, mas que não escondem o essencial. O Ministério Público reconhece, finalmente, o que sempre afirmei: nunca procurei influenciar, nunca dei orientações, nunca discuti com membros do Governo, e muito menos com qualquer júri, concursos públicos com o intuito de favorecer concorrentes. Ponto final.

Não posso pedir a quem lê a mesma sensibilidade, mas quem tentar colocar-se no meu lugar pode facilmente perceber os meus sentimentos em face desta afirmação. Depois de três anos a defender-me de imputações públicas de corrupção por favorecimento a empresas em concursos públicos – TGV, Parque Escolar, Aeroporto e por aí fora –, eis o que os procuradores escrevem: "excluía interferência direta nas avaliações", ou seja, não intervinha para beneficiar ninguém. O que impressiona é que a afirmação seja feita como se não fosse exatamente o contrário do que afirmaram e passaram aos jornalistas durante quatro anos. Depois de ferir e magoar numa furiosa campanha de difamação, renegam o essencial do que disseram, fingindo, com o constrangido e ambíguo uso de palavras, que nem sequer deram um passo atrás e na

CAPÍTULO VI - A CLÁUSULA

esperança de que ninguém note a contradição, de que ninguém repare – sim, isso agora já não interessa nada. Eis, esplendorosa, uma cultura institucional em construção: disfarçar o erro, sempre e em qualquer circunstância. Nunca nos enganamos, nunca falhamos. Para não perder a face, perdem a honestidade.

70.

Assim sendo, se não intervim no concurso, qual é afinal o ato ilícito – afinal, de que é que sou acusado? Bom, o crime, dizem eles, é uma alínea do contrato de concessão, mais concretamente, a cláusula 102.3 do contrato. A acusação, em concreto, não é sobre nada que eu tivesse feito diretamente, mas a de que terei *manipulado* os ministros e os secretários de Estado (já para não falar nas centenas de funcionários públicos e de assessores que acompanharam o concurso) para que no contrato de concessão figurasse uma alínea que os procuradores consideram dar uma vantagem indevida a quem ganhou o concurso. Uma alínea. Mas qual é exatamente o benefício? Bom, o benefício não é automático, afirmam eles, é um benefício "em caso de." Segundo os diligentes procuradores, a alínea atribui ao vencedor do concurso uma indenização *em caso de* recusa de visto do Tribunal de Contas, superior à que seria devida se se aplicasse a lei geral, isto é, se a cláusula não existisse. Portanto, prestem atenção, prestem bem atenção – a acusação afirma que a "verdadeira" intenção do governo era que o contrato fosse chumbado no Tribunal de Contas, de modo a beneficiar, com uma indenização ilegítima, o vencedor do concurso. Em consequência, no dizer da acusação, o Governo nunca quis que o TGV fosse feito. Leram bem: a tese do Ministério Público é a de que o Governo esteve durante vários anos a fingir que queria realizar o projeto, quando afinal o seu propósito oculto era tudo fazer para que o concurso fosse chumbado no Tribunal de Contas.

71.

A natureza desta acusação é a redução ao absurdo. Se nada aparece que te comprometa, temos sempre o truque da conspiração subterrânea, do *complot* secreto que não se pode provar, justamente porque foi escondido e ocultado. O mito é antiquíssimo — numa qualquer sala esconsa, alguns Superiores Desconhecidos planeiam em segredo tudo o que de importante sucede no mundo. Nada acontece por acaso e tudo está ligado. Já foram os judeus, os maçons, a carbonaria, os *illuminati* – e todos eles ao mesmo tempo.

Portanto, e fazendo a síntese da maluqueira: 1) não sou acusado de ser diretamente responsável por nenhum ato ilícito ou decisão administrativa; 2) o que se passou, dizem eles, foi que *instrumentalizei* os ministros e secretários de Estado para, de forma astuciosa, os levar a praticar atos ilícitos e irregulares; 3) na verdade, nunca quis de fato fazer o TGV, foi tudo um engodo político que durou anos; 4) finalmente, o afiado e contundente instrumento do crime é a aparentemente inofensiva cláusula 102.3 que consta do contrato.

Já lá iremos, a isto tudo. Antes quero contar uma história que sempre me ocorre a propósito desta estrambólica acusação.

72.

Há no imaginário jornalístico português o mito "da vírgula que vale milhões." O autor da criativa ideia parece ter sido o antigo diretor do semanário *Independente*, que fez várias reportagens sobre o tema nos anos 90, baseando-se num qualquer exemplo que, sinceramente, já não recordo qual fosse. A narrativa foi imediatamente apadrinhada e credibilizada por alguns cérebros do mundo policial e judiciário, que viram nisso uma boa forma de lançar suspeições sobre a política como atividade essencialmente desonesta, corrupta e capaz de ocultar as suas intenções criminosas atrás das mais inocentes ações, como sejam a de colocar uma vírgula numa lei. Na verdade, a história não passa

CAPÍTULO VI - A CLÁUSULA

de uma lenda: não só é muito difícil uma vírgula alterar o sentido de uma lei, como, sendo hoje o procedimento legislativo tão exigente e participado, só uma vasta conspiração da política e da administração pública poderia alterar uma lei sem que ninguém desse conta, e muito menos tratando-se de uma alteração, mesmo de uma simples vírgula, que tivesse influência no significado da lei. O número de pessoas que teriam de ser envolvidas para fazer isso é tão grande que, na prática, tal se revelaria impossível, como igualmente impossível seria que ninguém desse conta. O mito, quando analisado com cuidado e atenção, torna--se imediatamente ridículo. Pois bem, a presente história da cláusula remete para essa crença: ah, afinal era a cláusula. Contemos então a aventurosa história da cláusula 102.3.

73.

Nunca tinha ouvido falar de tal cláusula. É sempre difícil defender-mo-nos de acusações sobre coisas de que nunca ouvimos falar – a não ser para dizer isso mesmo: não sei do que está a falar. Todavia, e para infelicidade dos acusadores, a prova destas mentiras está facilitada porque, entretanto, na sequência da recusa de visto do Tribunal de Contas e já no governo seguinte, foi constituído um tribunal arbitral que, depois de completos e minuciosos trabalhos, produziu uma decisão em julho de 2016. Está lá tudo. *Primeiro*, o tribunal considerou que a inclusão dessa cláusula no contrato é da *exclusiva* responsabilidade do júri do concurso (o depoimento do presidente do júri é absolutamente claro no sentido de esclarecer que as decisões foram sempre colegiais, assumidas com total independência técnica e sem nenhuma influência política). Em *segundo* lugar, a cláusula em questão foi aceite pelo júri do concurso de boa-fé, sustentada em pareceres jurídicos que a davam como conforme à lei e considerando também que, neste tipo de contrato, o interesse público estaria mais bem defendido com uma cláusula que pretendia apenar dar mais densidade ao que estabelecia a lei geral. Em *terceiro* lugar, cláusula semelhante havia já sido adotada em anteriores contratos que o tribunal considerou conformes à lei. Finalmente, o tribunal sustenta que a cláusula é não só legal, como também justa

– resultante de uma negociação *informada, diligente, racional e vantajosa para ambas as partes*. Em síntese, a decisão do tribunal é que a cláusula não resultou de um qualquer impulso político, não é ilegal, nem é prejudicial ao interesse público. Esta sentença já transitou em julgado. Inacreditavelmente, nunca este importante acórdão do tribunal arbitral foi publicado.

74.

Entendamo-nos. Esta tese da acusação não só é um disparate, como também uma mistificação. Ela foi inteiramente fabricada. Resultando claro dos autos e da investigação que em nenhum momento dei qualquer instrução ou sugestão a qualquer júri para beneficiar fosse quem fosse; se nunca dei orientações para aceitar esta ou qualquer outra disposição contratual, que aliás nunca conheci; se o concurso foi regular, transparente e justo como concluíram; se nada foi encontrado de irregular na minha conduta – então temos de construir uma nova tese, segundo a qual a minha responsabilidade resultaria de ter instrumentalizado os ministros e secretários de Estado, levando-os ardilosamente a praticar atos ilícitos. Assim mesmo: se não foi ele, foi alguém por ele, a mando dele, instrumentalizado por ele.

75.

Para dar crédito à acusação, temos de aceitar vários absurdos. *Primeiro*, temos de aceitar que fosse uma só empresa, a empresa Lena que tinha 13% no consórcio, a pagar contrapartidas corruptas para beneficiar todas as outras empresas do grupo e sem que estas soubessem de nada. Difícil de acreditar. *Segundo*, temos de aceitar que essas contrapartidas fossem pagas para um projeto que não chegou a realizar-se. *Terceiro*, temos de aceitar que a empresa minoritária o fizesse, não para ganhar o concurso, mas para garantir, no futuro, uma indenização em caso de um eventual chumbo do Tribunal de Contas. *Finalmente*, temos de

CAPÍTULO VI - A CLÁUSULA

aceitar o cúmulo do desatino: a intenção do Governo não era realizar o projeto, mas fazer tudo para que ele fosse chumbado no Tribunal de Contas, de forma a que o consórcio tivesse direito ao recebimento dessa indenização – que, afinal, ainda não está paga. É muita coisa a aceitar. Cada uma destas hipóteses é, em si mesma, absurda. Sustentar que ocorreram em simultâneo é totalmente extravagante.

76.

Na verdade, nunca compreenderemos esta acusação usando a lógica racional. Ela só se percebe à luz do que eles próprios escrevem: "projeto que foi erigido numa das principais bandeiras do executivo presidido pelo ora arguido José Sócrates [...]". Sim, e, sendo uma bandeira, ela deve ser derrubada. Se é preciso criminalizar toda uma governação, nenhuma bandeira pode escapar, muito menos o TGV. O país só mais tarde compreenderá, como já está a acontecer com o aeroporto, o que perdeu por não ter feito esse investimento. Talvez mesmo só quando o TGV espanhol chegar a Badajoz ou a Vigo, o que já não falta muito, daremos então conta do erro estratégico para um país da periferia europeia aceitar transformar-se, por puro preconceito político, numa pequena e periférica ilha europeia sem alta velocidade ferroviária. O dia virá. Em todas essas páginas que reproduzem as delirantes imputações, os procuradores não só não apresentam nenhuma prova de que eu tenha interferido na *conformação contratual*, mas, propositadamente, ignoram as abundantes provas testemunhais existentes de que isso não é verdade e de que a intervenção nunca existiu. Este comportamento faccioso só se pode compreender à luz do que, no mundo do direito, se chama desvio de finalidade – os procuradores não estão, como deviam, à procura da verdade, estão à procura de incriminação a qualquer custo. Não atuam como magistrados, atuam com causa, como parte: procuram a acusação, custe o que custar.

Capítulo VII

UM DE CADA VEZ

77.

No poder político, a decisão dirige-se a muitos; no poder judicial atinge *um de cada vez*. A política é sempre plural, a judicial é singular no momento. No primeiro caso, ela respeita a muitos, muitos que apoiam, muitos que se opõem. Aplaudindo ou criticando, ambos os lados se manifestam, criam movimentos, partidos, enfim, juntam-se. No segundo caso, a decisão judicial convida ao isolamento. Ela parece respeitar apenas ao caso individual, ao caso concreto, enquanto os outros, os demais, acham que não é nada com eles ou, quando percebem que não é assim, fazem-no tarde demais. Assim nasce a indiferença social. E há quem conte com isso.

78.

Um de cada vez. A 21 de maio de 2003, Paulo Pedroso, que na altura exercia funções de deputado, foi detido no Parlamento, preso preventivamente e acusado de crimes ignominiosos. Cinco meses e meio depois, o Tribunal da Relação decidiu libertá-lo e, mais tarde, face à acusação produzida, a juíza de instrução decidiu não o pronunciar, isto é, não o levar a julgamento. Quinze anos mais tarde, neste ano de 2018 em que escrevo, o Tribunal Europeu dos Direitos do Homem decidiu condenar o Estado português a pagar uma indemnização a Paulo Pedroso por vários abusos cometidos contra ele – impedimento de acesso aos autos por parte da defesa, prisão preventiva sem fundamentos pertinentes e negação de indemnização pela prisão ilegítima. *Um de cada vez.*

79.

A seguir à notícia, o silêncio. Nem debate nem controvérsia. Parece que ninguém tem nada a dizer, nem o mundo judiciário, nem as faculdades de direito, nem a política – nem sequer o seu próprio partido. Passemos por cima e esqueçamos, sim, é melhor esquecer, em particular o obsceno comportamento do jornalismo português que, genericamente, apoiou as autoridades e os abusos. É melhor esquecer que a violência foi provocativamente exibida em público com a ida do juiz ao Parlamento para prender o deputado, devidamente acompanhado, ou melhor, coadjuvado, por um canal de televisão para garantir a encenação, o espetáculo e a construção da biografia do juiz-herói – como se chamava ele? Sim, é melhor esquecer tudo, até a dimensão política do caso, que enfraqueceu o PS e a posição do seu líder, Ferro Rodrigues, aliás, também alvo das investigações.

O jornal que revelou o caso fez-lhe agora uma pequena entrevista com uma igualmente pequena chamada de capa. Quinze anos depois da exploração do escândalo e da campanha em que o jornal exibiu um completo alinhamento com os acusadores, o jornal e o jornalista não resistiram a perguntar a Paulo Pedroso se este não teria tido um tratamento de favor. Tratamento de favor. Quinze anos depois, o jornal insiste: talvez não sejas vítima, talvez não passes de um político que foi protegido e conseguiu escapar. Na política não há inocentes. Sem coincidência, na página ao lado, o diretor do jornal explica que a natureza do jornalismo é ser contrapoder. Esplêndida hipocrisia: nesta história, eles foram o *poder.*

CAPÍTULO VII - UM DE CADA VEZ

80.

Na verdade, o poder real já não é, ou não é só, o poder disciplinar ou punitivo do Estado, a coação física através da polícia, da autoridade administrativa, do juiz. A biopolítica do vigiar e punir de Foucault há muito que evoluiu, dando agora lugar central ao poder da comunicação de massas, às indústrias telecráticas que pretendem dizer--nos o que é razoável, o que é justo e o que não é, o que é admissível e o que devemos pôr de lado – porque é marginal, ou radical ou herético. No caso Paulo Pedroso fui testemunha: a indústria da comunicação televisiva esteve ao lado da infâmia.

81.

Só compreenderemos o nosso país e a sua história depois de assistirmos ao que a política e as pessoas motivadas pela política são capazes de fazer, de dizer e principalmente de calar em situações extremas como esta: a violência da prisão injusta de um personagem político. Bem vistas as coisas, a sentença do Tribunal Europeu não condena o Estado, condena-nos a nós, os que viram e foram cúmplices, os que viram e nada fizeram, os que viram e pouco fizeram (é neste grupo que me incluo, pedindo a devida indulgência para quem não tinha, ao contrário de outros, proximidade com esta área da política) e os que viram e fingiram que não viram. O ódio e o preconceito político são os primeiros a saltar, só depois vem o pior – a arrepiante indiferença social perante os abusos cometidos pelas instâncias estatais contra o indivíduo inocente.

A isto junta-se a imbecil teoria do conhecimento, que, com o argumento da universalidade e da abstração das leis, critica o método empírico do estudo de caso, como se este não fosse, nos dias de hoje, quase universalmente adotado na pesquisa científica e no trabalho acadêmico. A ideia desses gênios do direito parece ser a de que não devemos legislar com base no estudo de casos efetivos, por esta ser uma atitude demasiado pragmática. Afinal, aos mestres jurídicos exige-se o esforço intelectual de contemplação do céu estrelado, onde brilham os grandes ideais jurídicos, perenes e imortais, e deles extrair, depois de aturada reflexão, a norma jurídica concreta que poderá então ser aplicada a todos e válida em todas as ocasiões. A infeliz filosofia tem uma consequência: nada de olhar para o caso concreto, nada de estudar, discutir e corrigir os erros concretos e as imperfeições práticas. Mais uma vez, a reação do sistema foi fazer coro: não nos deixemos impressionar com o caso concreto. Caso concreto, *um de cada vez*.

82.

Quinze anos depois, tudo igual e com tendência para piorar: os mesmos abusos na detenção, as mesmas prisões preventivas para extorquir confissões, a mesma violação do segredo de justiça para difamar o visado com a ajuda do jornalismo, a mesma restrição no acesso ao processo e a mesma hostilidade a qualquer crítica ou avaliação pública, classificada imediatamente de ilegítima intromissão ou condicionamento. A prédica "à justiça o que é da justiça e à política o que é da política" transformou-se, nos últimos tempos, numa oração tantas vezes repetida que, como o latim que ouvimos na missa, só convida a baixar a cabeça fingindo que percebemos o que está a ser dito. Na realidade, empregue a propósito, ela quer apenas dizer que não concebemos a democracia sem separação de poderes e que a independência judicial é um elemento crítico na teoria geral da justiça democrática. Nada a dizer perante tal banalidade. No entanto, usada, como é frequentemente, a despropósito, ela representa um convite à abstenção no debate sobre justiça, como se essa discussão, sendo tão exigente, só fosse acessível a iniciados e especialistas ou, pior, como se esse poder – o poder judicial – pudesse estar acima do debate e da crítica e não devesse explicações públicas, tal como os demais poderes. Afinal, todo um programa político de promoção do desinteresse, da passividade social, da indiferença. *Um de cada vez*.

CAPÍTULO VII - UM DE CADA VEZ

83.

A indiferença

A indiferença nunca foi neutra. Na verdade, toda a prepotência ou abuso contou com a indiferença como aliada política: ela não protesta, não resiste, não critica nem se questiona sobre o que é justo. Toda ela é conformismo — círculos redondos sem nada de singular, sem ângulos agudos.

Quem gosta da política ama a contingência e o risco. A indiferença, pelo contrário, destrói o cidadão e cria seguidores. A atitude do indiferente é a de quem fica à janela a ver no que dá, enquanto, cá em baixo, se desenrola a ação. Sim, a indiferença não constrói nada, aceitando tudo. Na bela fórmula de Gramsci, ela é "o peso morto da história".

84.

Estamos a 7 de abril de 2018 e, hoje, o Presidente Lula foi preso. O Brasil, mais uma vez. Impressiona, sinceramente, que aquela grande nação aceite que um juiz da primeira instância de Curitiba (ou de primeiro grau, como se diz naquele país) prenda, antes de esgotados todos os recursos judiciais, um antigo presidente em absoluta e frontal contravenção à Constituição: "ninguém será considerado culpado até o trânsito em julgado de sentença penal condenatória".[1] Nada pode ser mais claro e, na clareza da lei, cessa toda a interpretação. Ponhamos de lado, por um momento, os outros aspectos desta particular ação judicial – a parcialidade do juiz, a ausência de provas, a condenação por "atos indeterminados", a urgência extraordinária com que foi tramitado. O fato mais odioso deste processo é que o Brasil recusou ao antigo chefe

---

[1] BRASIL. Constituição (1988). Constituição da República Federativa do Brasil. Artigo 5.º, alínea LVII.

de Estado – sim, logo a ele – a proteção constitucional que a todos os cidadãos considera inocentes antes de sentença judicial definitiva, isto é, antes de esgotados os recursos previstos na lei

85.

E, depois, as exegeses estapafúrdias com que pretendem convencer-nos de que os textos legais dizem o contrário do que está escrito (lá como cá, a propósito, por exemplo, dos prazos de inquérito). O inefável ministro do Supremo Tribunal Federal, Luiz Fux, que ficou conhecido pela forma como mendigou ao Partido dos Trabalhadores o seu lugar naquele tribunal, argumenta a favor da decisão de prender antes da sentença transitada em julgado, dizendo que esta "seria justificada para preservar o direito fundamental da sociedade em ver aplicada a sua ordem penal, ainda que em detrimento de eventual direito do acusado". Direito fundamental da sociedade – eis toda uma nova doutrina constitucional, que tem o inconveniente de nada nela ser democrática. O Estado, o Leviatã, o detentor do monopólio do uso da violência legítima, não só reclama agora direitos como os classifica de fundamentais, argumentando ainda que estes são superiores aos primeiros, aos direitos individuais, justamente porque pertencem ao conjunto, à comunidade, à nação. E quando estes colidem com os direitos de acusados (acusados, já não indivíduos ou cidadãos) é preciso não hesitar – são estes que devem ceder. No final, a pergunta é se a democracia ainda precisa de Constituição. No final, a pergunta que sobra é se ainda precisamos de normas rígidas, pensadas justamente como projeto contramajoritário: *não me sinto mais disposto a submeter--me ao jugo só pelo fato de me ser apresentado por um milhão de braços.*[2] No final, a pergunta que resta é se entendemos bem o que significa este projeto de um direito suficientemente plástico para ser *representativo* da opinião pública e sujeito aos humores sociais do momento,

---

[2] TOCQUEVILLE, Alexis de. *Da Democracia na América*. Lisboa: Relógio d'Água, 2008.

embora não saibamos exatamente quais eles sejam ou quais virão a ser – hoje uns, amanhã outros, variando em função do tema e, claro, consoante o visado judicialmente.

De tanto jogar com as palavras, de tanto mudar rótulos e legendas, de tanto tentar dar novos significados, a classe judicial brasileira acaba por comprometer a principal fonte de obediência voluntária – a *imparcialidade*. O abuso descarado e egocêntrico de alguns personagens judiciais prejudica a prudência e a decência dos demais. Livres da obediência à lei, as operações saem fora de controlo. Agora, o Brasil rasga a Constituição, não com as cores do camuflado, mas com a veste jurídica e a solenidade da sala de tribunal – *all rise...*

86.

Enquanto isso, na Internet, os artistas brasileiros:

"[...] fim de linha para você metalúrgico boçal, ex-presidente aleijado, não é pelo triplex que você está sendo condenado, é pela sua ousadia em ajudar o garçom a virar advogado, em contribuir para a ascensão do negro favelado, que agora acredita que pode estudar medicina, sair da miséria e até conhecer a capela sistina [...]."

87.

Brasil fascinante – ali não há indiferença.

88.

Voltemos a Portugal. No dia 12 de janeiro de 2018 os parceiros do chamado "Pacto da Justiça" apresentaram os seus resultados – um acordo. Parece que nele estão todos representados, todos os que conhecem a justiça, todos os que nela trabalham, todos os envolvidos, todos os especialistas – todos menos o povo, os cidadãos ou os seus representantes. Um novo acordo, um novo tempo e uma velha filosofia política.

Com efeito, a primeira impressão que fica deste pacto é que as estruturas judiciais do Estado já não se resignam à clássica ideia da separação de poderes – de um lado o poder independente de *aplicar* a lei, do outro o poder soberano de *aprovar* a lei. A mensagem parece ser bem explícita: para as corporações judiciais já não basta a independência na execução da lei, reclamando agora o direito a definir o que deve ou não deve ser a lei. Na verdade, a constituição de um dever de audição prévia para algumas iniciativas legislativas há muito foi consagrada sem grande escândalo. Mas agora trata-se de ir mais longe: nada deve ser discutido sem o seu assentimento, nada deve ser aprovado sem o seu acordo. Em termos mais simples, o pacto reivindica para as corporações judiciárias o poder de definir a *agenda* política da justiça.

"À justiça o que é da justiça e à política o que é da política" avança, portanto, para um novo patamar – e lá chegará o momento de dizer que, bem vistas as coisas, pouco ou nada deve competir à política na justiça. A visão de uma independência libertadora exigirá a supressão total das amarras da política, ou seja, da soberania popular, a quem ainda compete o poder de fazer a lei através dos seus representantes. A verdadeira justiça não se realizará se não avançarmos um pouco mais, dando às suas instituições não apenas o dever de dizer a lei, mas também o poder de dizer, afinal, o que essa lei deve ser. E isto, claro está, permitirá ver-nos livres dos sérios inconvenientes que a política sempre carrega consigo: pluralidade, debate e divisões – caos. Afinal, se queremos abandonar o "espírito partidário e as desordens do parlamentarismo", porque não deixamos isto aos especialistas, a quem sabe? Eterna questão – quem deve governar: o povo ou os que sabem, os especialistas, os técnicos?

CAPÍTULO VII - UM DE CADA VEZ

89.

Para quem está atento e não quer fazer figura de parvo, nada disto tem a ver com justiça ou com o ideal de justiça, mas sim com poder. Mais poder para uns, as instituições estatais, menos poder para outros, os cidadãos; mais poder para o judicial, menos poder para o legislativo. Um expande-se, o outro encolhe. O segundo não deve interferir no primeiro; o primeiro pode e deve limitar o segundo – nada de aprovar (ou sequer discutir) leis que não tenham o nosso consentimento.

Sob o alto patrocínio do senhor Presidente da República, que recebeu o documento e desafia "os partidos e o Governo a legislarem", caminhamos assim de volta à república corporativa e com a velha conversa de sempre: ninguém melhor do que aqueles que vivem a justiça diariamente para dizer o que reformar e como melhorar. Há certamente uma boa forma de fazer tudo isto sem discussões, sem divisões e, principalmente, sem ideologias. Uma pista técnica, sim, técnica, rigorosa, objetiva, independente, imparcial e inclusiva em que estejamos todos, todos os do pacto – todos, menos o povo. Enquanto isso, os políticos fingem e fingem e fingem – indiferença.

90.

Terminemos este ponto. A indiferença é, no fim de contas, uma cultura política: há sempre boas razões para justificar a inércia e a abstenção, e são poucas as que justificam os riscos da ação reformista. Há mesmo uma corrente de pensamento clássica que transformou a cautela e a prudência em expoentes máximos da sua filosofia política e há também políticos que fizeram longas e bem-sucedidas carreiras sempre explicando ao povo as razões pelas quais o melhor é não fazer nada, sempre sugerindo que o dizem em nome da sensatez, da moderação e de uma oculta e implícita sageza. No fundo, nada fazendo e não desagradando a ninguém, aspiram a terminar a carreira na administração da Fundação Gulbenkian, transformando a política naquilo que ela nunca foi – o terreno da certeza, do cálculo e da carreira, defendendo valentemente tudo o que já venceu e libertando-se de qualquer forma de imaginação ou de ambição, que leva os homens a querer mais. Os temperados, dizia Camilo Castelo Branco.

Em última análise, a indiferença nasce aqui, quando a prudência sucede à coragem como máxima virtude cívica ou, de outro ângulo, quando o cálculo e a covardia começam a tomar conta da vida pública. Ah, e eles – os que são capazes de usar a justiça como a arma branca da política – sabem bem utilizá-la. Eles sabem que o tempo conta a seu favor, que a duração do caso provoca a letargia social e que os homens acabam por se alhear de tudo o que não tiver perspectivas rápidas de consequência. Sim, eles sabem como normalizar a injustiça, a mentira e a infâmia. *Um de cada vez.*

Capítulo VIII

O LUGAR DO ESTADO

91.

O advogado internacional de Lula, especialista em questões de direitos humanos, o australiano Geoffrey Robertson, assistiu ao julgamento do antigo Presidente no Tribunal Federal de Porto Alegre. No final, fez uma interessante declaração:

"Eu estava lá e vi o procurador-chefe sentar-se ao lado do juiz relator enquanto os advogados de defesa eram colocados longe e num plano inferior. Ele [o procurador] também almoçou ao lado dos três juízes e, depois, ainda teve conversas com eles."

Há pouco tempo, fui chamado a depor em tribunal numa ação penal contra um conhecido órgão de comunicação social (julgo não ser preciso dizer qual). Antes de começar a audiência, vi entrar duas senhoras de toga que tomaram assento na bancada mais elevada reservada aos juízes. Julguei, honestamente, que se tratava de duas juízas (um coletivo, foi o que pensei) e cumprimentei as duas como tais. Porém, a segunda senhora informou-me: sou a procuradora. Respondi que me tinha equivocado por causa do lugar onde se tinha sentado, que julguei reservado a juízes. "Este é o meu lugar", respondeu-me.

92.

Vejo agora, com a declaração do advogado australiano que citei acima, que não fui o único espírito no mundo a achar extraordinário que a procuradora que promove a acusação se sente, no tribunal, num lugar acima do destinado à defesa e ao mesmo nível do juiz. "Este é o meu lugar", disse ela. Bom, talvez seja o seu lugar, mas não devia sê-lo. E a razão de não dever ser parece-me simples de entender: a igualdade entre as partes. Eis o principal fundamento de um julgamento justo e um princípio que deve ser levado muito a sério, principalmente quando se monta o cenário onde vai decorrer o ato. Para ir um pouco mais fundo, a legitimidade de uma justiça democrática não assenta apenas na qualidade técnica dos seus agentes, na aplicação das leis e na fundamentação das suas decisões – ela depende, no essencial, da independência do juiz face aos interesses das partes, da sua posição de Árbitro, *acima* das partes.

Dar a uma das partes o mesmo nível do decisor tem como principal vítima o próprio juiz. Como acreditar em vós se vos vejo todos os dias ao lado de quem me acusa? Como acreditar na vossa isenção se todos os dias vos vejo entrar pela mesma porta, sentarem-se nos mesmos lugares? Sim, como acreditar que serão independentes se nos esfregam na cara, todos os dias, a mais obscena parcialidade? Na verdade, a autoridade do juiz não reside, em última análise, nem na força que o secunda, nem nas leis em que se apoia. Ela tem de ser reconhecida pelas duas partes, acusação e defesa, para que seja aceite. E o reconhecimento não assenta no poder da força, mas no poder persuasivo do desinteresse, da objetividade e da imparcialidade com que se apresenta. A *auctoritas* judicial, ou seja, a condição para esperar ser obedecido sem recurso à força ou, dito de outro modo, a condição para ser respeitado e não apenas temido, reside na igualdade de tratamento das partes – "*Sem equidade não há liberdade*".[1]

---

[1] CÍCERO. *Da Republica*. T. I, p. 47.

CAPÍTULO VIII - O LUGAR DO ESTADO

93.

Processo justo. Processo equitativo. Parece que estas palavras querem dizer igualdade de armas, igual consideração de argumentos, iguais direitos no julgamento. E, no entanto, logo de início, logo que começa o jogo, escancara-se não a igualdade, mas a distinção – distinção de nível, distinção de estatuto, distinção de condição. O cidadão que olha o seu advogado e de quem espera atos desassombrados e firmes em sua defesa, verifica então que este aceita, sem protesto, a humilhação de ser colocado num plano aquém, abaixo da outra parte. O espetáculo segue com o patético fingimento de todos: é mesmo assim, nada de novo debaixo do sol, aliás sempre foi assim e há certamente uma boa razão para ser assim, razão essa que já ninguém recorda porque se perde na noite dos tempos – *o eterno ontem.*[2] Na verdade, é difícil dizer qual seja mais constrangedora: se a atitude de quem ilegitimamente impõe para si próprio um nível superior ou se a outra – a de quem consente um tratamento de inferioridade.

94.

A posição das partes no julgamento penal – o Estado, por um lado, e o indivíduo, por outro – é tão simbólica como substantiva. Colocado o procurador acima do advogado de defesa, o que fica à vista de todos é a diferenciação de estatutos: a palavra do Estado no julgamento terá mais valor do que a do cidadão. Parece que um espirituoso procurador se referiu ao tema como problema de carpintaria. A brejeirice mostra que o problema começa exatamente pelo nível dos argumentos.

A questão é séria e tem a ver com o valor que atribuímos à igualdade entre as partes, prevista nos códigos democráticos. Sim, é apenas uma questão de lugar, mas que questão. A simbologia da balança

---

[2] WEBER, Max. *Le Savant et le Politique*. Paris: Bibliothèques 10/18, 1963.

85

equilibrada na imagem da justiça é provocatoriamente revertida numa coreografia da judicatura com pratos que não estão ao mesmo nível, porque não se pretende que estejam, porque se pretende afirmar a diferença, não a igualdade. Sim, é apenas uma questão de lugar, mas justamente por ser tão fortemente simbólica, torna-se questão de princípio: ela põe frontalmente em causa a igualdade entre as partes e, por consequência, a confiança na imparcialidade do juiz, que aceita estar ao mesmo nível de uma das partes. O primeiro atingido pode ser a defesa, o acusado. Mas, em última análise, a vaidade do procurador, que insiste em ser mais do que devia e em se colocar ao mesmo nível de quem julga, terá como maior e mais significativa vítima a autoridade do juiz.

95.

8 de julho de 2018 e temos mais uma história do Brasil que vem a propósito. Subitamente, num pacato domingo, um desembargador de nome Rogério Favreto, juiz do Tribunal Regional Federal de Porto Alegre, que se encontrava de turno (de plantão), decide, numa ação de *habeas corpus*, libertar o Presidente Lula. O que se seguiu foi um tumulto. O juiz Sérgio Moro, herói da lava-jato, em gozo de férias e sem nenhuma jurisdição no caso, decide intervir para dizer que o juiz-desembargador não tem competência e adverte a polícia para não cumprir a ordem. O desembargador insiste com novo despacho. Alertado pelo juiz Moro, outro desembargador do mesmo tribunal regional, Gebran Neto, também fora de serviço, decide fazer um despacho contrariando a decisão do seu colega. O desembargador Favreto volta a insistir, faz o seu terceiro despacho e dá uma hora para cumprir a ordem de soltura. Já no princípio da noite, o presidente do Tribunal Regional, juiz Thompson Flores, decide imiscuir-se para, segundo ele, resolver um conflito de competências entre os dois desembargadores, acabando por decidir pela manutenção da prisão. Pronto, fica preso. Assim termina o lamentável episódio que ficou conhecido pelo "solta, não solta".

CAPÍTULO VIII - O LUGAR DO ESTADO

96.

O episódio tem aspectos de *vaudeville*, mas é, na realidade, bastante sinistro, porque nunca houve qualquer conflito de competências. O que aconteceu, pura e simplesmente, foi uma sublevação das forças da operação lava-jato para impedir o cumprimento de uma ordem judicial absolutamente legítima. Todavia, desta história, o que nos interessa é sobretudo o seu seguimento: logo nos dias a seguir, a procuradora-geral da república, Raquel Dodge, decide agir contra o desembargador Favreto, movendo contra ele uma ação disciplinar, pedindo a aposentadoria compulsória do juiz. A procuradora, dirá o jurista Lénio Streck, "inventou o crime de hermenêutica". Era assim que se fazia na ditadura – juiz que decidisse contra a ortodoxia interpretativa fixada pelo regime, isto é, que decidisse *mal*, era aposentado compulsoriamente. A atitude da procuradora constitui assim um claro aviso aos juízes: quem decidir a favor de Lula enfrentará o Ministério Público e sofrerá. Cuidado, muito cuidado.

97.

Tudo isto para chegar aqui. Assistimos com frequência à invocação do argumento da independência dos juízes a propósito da carreira, do estatuto e do salário. Mas essa independência parece ser só invocada em referência ao poder político, como se a independência de outros poderes – como é o caso do poder do Ministério Público – não fosse igualmente importante e igualmente problemática para a classe, ou como se o primeiro, o poder político, não usasse normalmente como instrumento o segundo, o Ministério Público, como instrumento de sujeição e de ordem. Assim foi na ditadura brasileira, assim foi na ditadura portuguesa.

Em teoria geral, o sistema penal português, e poderíamos dizer o sistema criminal democrático, oferece aos cidadãos uma tripla visão no conflito penal com o Estado: a visão da polícia, a visão do procurador e a visão do juiz, tendo este a última palavra. A independência e autonomia destas perspectivas é uma garantia constitucional de enorme importância na defesa dos direitos individuais. Afinal, o mais importante perigo, e também o mais frequente, é o que resulta da captura do poder do juiz pelo poder do Ministério Público, ou seja, quando um juiz começa a agir como procurador ou quando é ameaçado, nas suas decisões, pelo Ministério Público, como aconteceu neste caso, no Brasil. E, como sabemos da sociologia das organizações, as ameaças de captura vêm sempre dos poderes contíguos, das ligações próximas, em que já ninguém sabe qual é o seu papel. Na verdade, historicamente, o combate pela independência dos juízes encontrou sempre o seu campo de batalha mais frequente na luta destes contra o poder do lado, o poder do Ministério Público. Não tenho o conhecimento suficiente da história do direito, mas arrisco afirmar que o lugar do Ministério Público nos tribunais portugueses e nos tribunais brasileiros é consequência de uma cultura autoritária do Estado e um infeliz resíduo que nos ficou ainda da ditadura do Estado Novo, no caso português, e da ditadura militar, no caso brasileiro.

98.

Para finalizar. A lei liberta não apenas por obrigar todos por igual, mas também por impor limites, barreiras e linhas vermelhas aos que pretendem agir em nome da comunidade, em nome do Nós, em nome da maioria. No essencial, o que caracteriza o Estado de direito é o limite que o direito impõe ao Estado. Não deixa de ser extraordinário que, tantos anos depois da revolução democrática portuguesa, o lugar no julgamento se mantenha como símbolo de um poder que insiste em estar acima, em tudo ver de cima, para que quem está em baixo se sinta sempre observado e interiorize a sua menoridade. Na verdade, tudo isto existe e sobrevive porque as pessoas que convivem com esta realidade todos os dias já se esqueceram do que significa: uma cultura jurídica da autoridade e da instituição, por contraponto à cultura da liberdade e ao direito do indivíduo de ser colocado, na querela penal, ao mesmo nível do Estado. No fundo, a resposta para que tal situação persista não pode ser encontrada em nenhuma teoria da justiça, mas num princípio de poder: a instituição estatal atribui a si própria uma superioridade ilegítima quando se trata de fazer justiça.

Capítulo IX

O EMBUSTE

99.

Procurador – Existe uma interceptação telefônica duma conversa entre o Sr. Engenheiro e o Dr. Ricardo Salgado, em que o Dr. Ricardo Salgado lhe liga por engano. Depois, na conversa, convida-o para jantar e na altura o Sr. Engenheiro até comenta com ele que tinha saudades da esposa do Dr. Ricardo Salgado... eu estranhei esta referência que o Sr. Engenheiro faz à esposa do Dr. Ricardo Salgado.

Arguido – A esposa?... eu estive com a esposa do Dr. Ricardo Salgado umas três vezes na minha vida em ocasiões sociais... desculpe?

O diálogo é tão absurdo que, na altura, nem percebi onde queriam chegar. Nem eu nem os meus advogados. Mas por mais extraordinário que pareça a quem lê, o que o procurador pretende insinuar é que a minha proximidade com Ricardo Salgado se pode depreender pelo fato de me ter despedido dele dizendo "saudades à sua esposa".

Saí do Governo em 2011 e nunca mais falei nem pessoalmente, nem ao telefone com o Dr. Ricardo Salgado, até que, já em 2014, recebi uma chamada dele, feita por engano. *Por engano*. A conversa tem lugar num período difícil para o antigo banqueiro e, do meu lado, ouviu palavras de consideração pessoal que o momento e a boa educação justificavam. Convidou-me para jantar em sua casa, convite que agradeci e que aproveitei para pôr ponto final numa fria relação institucional que se tinha degradado muito desde o episódio do chumbo pelo Governo da venda da Vivo em 2010. Despedi-me com a fórmula de cortesia "saudades à sua esposa", tal como poderia ter dito "cumprimentos lá em casa". Quando fui a sua casa, com o principal intuito de lhe oferecer um exemplar do livro que tinha acabado de publicar, telefonei à minha antiga secretária pedindo-lhe que indagasse junto do gabinete do Dr. Ricardo Salgado a sua direção, pois nunca tinha ido a sua casa nem conhecia o endereço. Pois bem, ciente de tudo isto, o procurador decide considerar a utilização desta forma de cortesia social como um "indício" da minha proximidade com Ricardo Salgado – *estranhei*, diz ele. Há muito que sabia que tinham perdido qualquer tipo de imparcialidade na investigação. Ainda assim, é absolutamente desconcertante assistir de perto aos esforços de procuradores da República, tentando transformar os atos mais triviais e inocentes em atos suspeitos e em indícios de desonestidade. Na verdade, só após este episódio percebi finalmente até onde estavam dispostos a ir. A partir daqui iria valer tudo para construir a inacreditável mentira da minha proximidade a Ricardo Salgado.

100.

Assim chegamos ao capítulo PT[1] e Ricardo Salgado. Afinal, o que tem de especial esta acusação? Talvez isto, desde logo: ela pretende virar a história completamente de pernas para o ar. O que é absolutamente extraordinário é a desfaçatez de quem pretende produzir um relato histórico tão flagrantemente contra os fatos e tão em contradição com o que realmente se passou. No entanto, o desplante é só um dos aspectos. O outro é o alinhamento com o interesse e a narrativa

---

[1] [*N.E.*] A sigla PT significa a empresa Portugal Telecom.

CAPÍTULO IX - O EMBUSTE

da direita política ao pretender convencer-nos de que os males da PT, e do que veio a acontecer à empresa três anos depois de eu sair do governo, foi, afinal, responsabilidade do Governo a que presidi – o que sendo tão absolutamente falso, escancara o viés político da acusação.

Com o Estado dispensado de provar seja o que for e com o jornalismo ocupado em reproduzir em vários tons as alegações da acusação, ao visado não resta outra alternativa senão o extenuante desafio de desconstruir, uma a uma, todas as falsidades. Desconstruir. Tentei fazê-lo metodicamente e respondendo aos diversos andamentos da acusação, num artigo que escrevi em resposta a uma reportagem do jornal *Público*. Saiu assim.

101.

OPA da Sonae

É falso que o Governo da altura, e em particular eu próprio, como primeiro-ministro, se tenha oposto à OPA da Sonae. Este é o relato que a Sonae, o Ministério Público e os jornais afetos repetem com frequência, não deixando, por isso, de ser uma descarada mentira. Durante todo o processo, o Governo sempre se portou com total imparcialidade, nunca tomando partido e ordenando o voto de abstenção ao representante do Estado (tenho comigo o despacho do secretário de Estado dando essas orientações antes da assembleia geral, que mais uma vez e de forma absolutamente inacreditável também nunca foi publicado, apesar da importância que obviamente tem nesta história). Acontece, aliás, que um dos momentos em que o Governo teve de reafirmar essa equidistância aconteceu justamente poucos dias antes da data da assembleia geral em que se tomaria a decisão e na sequência de um telefonema do Dr. Paulo Azevedo, durante o qual pediu expressamente a minha intervenção para que a Caixa Geral de Depósitos votasse a favor da OPA. Respondi-lhe que o Governo não tinha nenhuma razão para o fazer e não o iria fazer.

Para o Público e para a jornalista, que conhecem a história, este episódio não vem ao caso. Quando chega aos patrões cessa o jornalismo e começa o

91

interesse. Eis a esplêndida hipocrisia de um jornal que exige ser tratado como de referência.

102.

Voto da Caixa

É igualmente falso que eu próprio, ou alguém em nome do Governo, tenha dado qualquer indicação de voto à administração da Caixa Geral de Depósitos ou a qualquer dos seus membros. Isso foi já desmentido por todos os administradores do banco, que confirmam que a decisão foi tomada em reunião do conselho de administração sem nenhuma interferência política e com o único fundamento de ser esse o melhor interesse da instituição.[2] Acresce — novo ponto que não vem ao caso para o Público — que mesmo que a Caixa tivesse votado a favor da OPA ela teria sido recusada.[3]

103.

Golden Share

Em 2010, o Governo da altura decidiu, como todos sabem, opor-se à venda da empresa Vivo, venda essa que abandonava o tradicional plano estratégico de presença da PT no Brasil, iniciada muitos anos antes. O Governo exerceu, então,

---

[2] O conselho de administração da Caixa era formado por nove membros e com conhecidas opiniões políticas em nada alinhadas com o Governo. Todos eles confirmam que não receberam nenhuma orientação do Governo, nem minha nem do Ministério das Finanças. O presidente da CGD declarou que "o voto a favor do chumbo da OPA da Sonae à PT não foi encomendado pelo Governo".

[3] A votação contra a OPA foi de 46,58%. A favor da OPA votaram 43,90%. Como a CGD detinha 5,11% do capital, mesmo que tivesse votado a favor da OPA, esta teria sido chumbada porque bastavam apenas 33% dos votos para a derrotar, isto é, precisava de maioria de dois terços para ser aprovada.

CAPÍTULO IX - O EMBUSTE

os seus legítimos direitos, na defesa do que considerava ser o interesse nacional: não permitir uma venda cujo único objetivo vislumbrável seria apenas distribuir dividendos aos acionistas, perdendo a PT a condição de uma empresa lusófona de vocação global na área das comunicações, condição da maior relevância para a economia portuguesa. Essa decisão do Governo, como o Ministério Público e o jornal parecem querer esconder, não foi favorável ao interesse do BES, como alega o Ministério Público, mas contrária aos interesses da maioria dos acionistas, entre os quais figurava, em posição de destaque, aquele banco. No entanto, para o Público, isso parece que também não vem ao caso.

104.

A troca de participações

A única decisão da empresa que não teve oposição do Governo a que presidi foi a de concretizar uma parceria estratégica, através de troca de participações, com a OI. Com efeito, em julho de 2010, a PT anunciou a decisão de adquirir até 22% da OI Brasil, assegurando uma participação qualificada num dos maiores operadores brasileiros, e, em simultâneo, anunciou também a entrada dos acionistas brasileiros no capital da Portugal Telecom, com uma participação equivalente à que era detida pela Telefónica (10%). Esta foi, repito, a única decisão que não teve oposição do meu Governo – troca de participações como parceria estratégica. E não teve a oposição do Governo pela evidente razão de essa decisão permitir à PT manter-se fiel ao seu plano estratégico, preservando a sua presença no Brasil. Nada mais.

Todavia, é falso que tenha sido o Governo a sugerir a parceria com a empresa OI. Essa foi uma decisão da exclusiva responsabilidade da administração da PT, tendo as negociações entre as duas entidades decorrido com total autonomia empresarial. Não têm, portanto, nenhum fundamento as suspeitas apresentadas. Nascendo de um qualquer preconceito contra a intervenção do Estado, estão, por isso, ao serviço de uma certa visão política. O "patrocínio de S. Bento", invocado sem nenhuma justificação, não passa de um insulto do jornal.

93

105.

E a fusão com a Oi

Anos depois de o Governo que liderei cessar funções, mais concretamente em outubro de 2013, foi anunciada, com grande entusiasmo e certamente com total conhecimento das virtudes do passo a dar, a operação de fusão da PT com a OI, que se viria a concretizar em março de 2014. Anúncio em 2013, concretização em 2014. Julgo que é o bastante para afirmar que as diversas etapas para a fusão foram realizadas na vigência do Governo que me sucedeu, sem que este tivesse levantado qualquer objeção, podendo aliás fazê-lo através da participação que ali detinha a Caixa Geral de Depósitos.

Mas mais: em 26 de julho de 2011, num dos seus primeiros atos, o Governo de então decretou o fim da golden share do Estado na PT, sem que ela fosse substituída por um qualquer acordo parassocial, alteração estatutária ou ato legislativo que permitisse ao Estado ter um papel relevante em questões estratégicas na área das telecomunicações. Esta decisão beneficiou diretamente, e sem qualquer contrapartida para o Estado, os acionistas privados que, recorde-se, quando compraram a PT ainda esta estava sujeita à golden share. Para o Público, esta decisão também não vem ao caso.

106.

Os interesses da PT

Todo o artigo parte da ideia de uma cumplicidade do Governo de então com os interesses da administração da PT. Os fatos demonstram a falsidade de tal imputação. Durante toda a minha governação o Grupo PT teve a maior diminuição de sempre na sua quota de mercado de assinantes e de receitas dos serviços de TV, telefonia fixa e acesso à Internet. No primeiro caso — quota de TV —, a percentagem baixou de 80% em 2004 para 35% em 2011. No caso do telefone fixo, o número veio de 94% para 53% no mesmo período.

CAPÍTULO IX - O EMBUSTE

Finalmente, no caso da Internet, a diminuição ao longo desse período foi de 82% para 49%.[4]

Estes números são expressivos, demonstrando que o Governo cumpriu exatamente os objetivos do Programa de Governo de promover uma maior concorrência, removendo barreiras à entrada no mercado e corrigindo posições dominantes. Como todos os operadores sabem, nunca, repito, nunca nenhum Governo foi tão longe na promoção de um mercado de comunicações tão diverso e concorrencial como mecanismo de desenvolvimento econômico. Nunca um Governo agiu de forma tão explícita no sentido de contrariar as tendências monopolistas da PT. Não é verdade que o Governo tenha apoiado os interesses da PT. A verdade é exatamente a oposta – esse Governo foi o primeiro que acabou com o monopólio da PT. O que impressiona no artigo é justamente ser tão descaradamente falso. E impressiona também a impunidade com que a jornalista acha que pode mentir aos seus leitores. Mente e pronto, ninguém mais liga.

107.

Ricardo Salgado

Chegou o momento de dizer alguma coisa sobre essa estranha e extraordinária patranha da minha alegada proximidade com o Dr. Ricardo Salgado. Tive e tenho consideração pelo Dr. Ricardo Salgado, mas nunca fui seu próximo nem fiz parte do seu círculo de amigos. Enquanto fui primeiro-ministro, nunca o visitei no seu banco, nunca fui a sua casa e as poucas reuniões que tivemos sempre foram a seu pedido e no meu gabinete. A nossa relação sempre foi cordial e institucional, apesar do diferendo público relativo às nossas posições a propósito do veto do Governo à saída da PT do Brasil. Vejo, todavia, sem surpresa, que a direita política, de quem ele sempre foi próximo, se procura agora distanciar. O que nunca me ocorreu foi que a ambição de revisionismo histórico fosse tão longe, procurando agora transformar o Dr. Ricardo Salgado em amigo dos socialistas.

---

[4] Relatório da Anacom – Situação das Comunicações 2011.

108.

Sonae

A avaliar pelo seu comportamento, há muito que percebi que os dirigentes da Sonae nunca perdem. No caso de serem derrotados, isso resulta sempre ou da deslealdade da concorrência ou da parcialidade do árbitro. Como poderia ser de outro modo dada a excelência dos seus gestores e das suas equipas? A megalomania manifesta-se sobretudo na visão imperial da empresa: quem não defende os seus propósitos estará seguramente ligado a outros interesses, não podendo estes deixar de ser obscuros ou ilegítimos. Não sei com quem estão habituados a lidar, mas talvez esteja na altura de amadurecerem.

Finalmente, temos o Público. *A reportagem retoma, de forma escandalosa e parcial, a visão da empresa Sonae, que é a proprietária do jornal. Não vou perder muito tempo com este assunto, mas isto deve ser dito: toda a notícia, o editorial e a primeira página não passam de um serviço aos interesses económicos do proprietário, envergonhando o jornalismo decente e honesto.*

109.

Julgo que o artigo desmonta suficientemente o embuste. No entanto, desejo ainda sublinhar três pontos. Primeiro, os números que cito são públicos e oficiais: nos seis anos do meu Governo, o monopólio da PT nos serviços de telecomunicações acabou. Na primeira vez que divulguei estes números, um outro jornal, o *Expresso*, decidiu fazer uma operação de confirmação de fatos – o melhor que arranjou foi dizer que, embora os números sejam verdadeiros, eles não se devem à ação do Governo, mas à evolução do mercado.

Na prática, o que o jornal faz é confirmar os números, mas tenta explicá-los recorrendo à trapaça. Bom, não os vou deixar com a última palavra, porque ela não é verdadeira. Não, não foi o mercado, foi a política pública. Foi a desagregação do lacete local, foi a simplificação da

CAPÍTULO IX - O EMBUSTE

portabilidade, foi a promoção de operadores e novas ofertas na banda larga, foi a separação das redes de cobre e de cabo, foi o financiamento e a promoção das redes de nova geração de fibra ótica, foi a massificação da sociedade de informação, foi o programa do computador Magalhães.

Estas medidas criaram um novo dinamismo concorrencial num setor econômico decisivo para o êxito do plano tecnológico e para a modernização do país. Como podem então acusar um Governo de estar ao serviço dos acionistas da PT se foi justamente esse Governo que acabou com o monopólio efetivo que a PT manteve em Portugal durante muitos anos? Não, esse Governo nunca esteve ao serviço da PT, esteve muitas vezes contra a PT e a favor do país.

110.

O segundo ponto que desejo enfatizar diz respeito à utilização da *golden share* que impediu o negócio de venda da Vivo. Na altura, escrevi um artigo explicando as razões da decisão de veto. Expliquei que compreendia muito bem o interesse dos espanhóis da Telefónica em comprar uma empresa como a Vivo, tal como compreendia os interesses financeiros dos acionistas da PT em obterem ganhos de curto prazo. Acontece que ao Estado português não compete defender os interesses das empresas espanholas, nem os interesses financeiros de curto prazo dos acionistas da PT, mas sim os interesses estratégicos do país. Recordei a importância do setor das tecnologias de informação e comunicação para o plano tecnológico; recordei que este setor representava, em 2010, 6,4% do PIB, número que era cerca de 20% superior ao verificado na Europa; recordei que o saldo da balança tecnológica se tornou, em 2007, positivo pela primeira vez; recordei finalmente a importância da internacionalização da PT e da sua presença no Brasil, como fator essencial no desenvolvimento de projetos inovadores e como alavanca decisiva da modernização tecnológica do país.

Não, mais uma vez, não. A utilização da *golden share* pelo Governo não foi combinada com acionistas. Pelo contrário, ela foi utilizada contra os seus interesses financeiros imediatos e na defesa do interesse público. Todos os que viveram esse momento sabem das pressões sobre o Governo para que não o fizéssemos. A decisão foi tomada, em particular, contra o interesse do Banco Espírito Santo e fortemente criticada, no mesmo dia, por Ricardo Salgado, que afirmou publicamente: "Usar a *golden share* pela Vivo? Isso não consigo entender muito bem [...] quem tomou a iniciativa foi o primeiro-ministro e o Governo. [...] Portanto, julgo que, neste momento, terão de ser eles a assumir o processo. Mas vejo um desfecho complicado".

O que se passou, na decisão de vetar a venda da Vivo, foi a assunção pelo Governo de uma decisão corajosa em defesa do interesse nacional. Pretender associá-la a um qualquer ato menos honesto não passa de um insulto a quem decidiu tomar uma decisão desassombrada com o único objetivo de defender os interesses do país.

111.

Finalmente, a artimanha. No fundo, esta acusação visa atribuir ao meu Governo a responsabilidade pelo que veio a acontecer à PT, se não mesmo o que aconteceu ao Banco Espírito Santo. Também não vou permitir que esta desonesta revisão histórica se faça e custa-me entender o silêncio cúmplice de tanta gente que foi testemunha de que as coisas não se passaram assim. Gostaria de invocar como prova – sim, como prova e não como argumento – o relatório da comissão de auditoria da PT, datado de julho de 2014. Os números são elucidativos e, para quem os considerar com seriedade, definitivos. A 30 de setembro de 2010 a operadora tinha aplicado, na esfera do GES, 50,9% dos seus excedentes de tesouraria, os restantes 49,1% estavam aplicados na caixa Geral de Depósitos, que era igualmente acionista de referência da empresa. A partir daí, o controlo parece ter deixado de existir. Diz a auditoria:

"A partir sensivelmente de setembro de 2012, assiste-se a um aumento da concentração das aplicações de tesouraria no Grupo BES, primeiro em depósitos

a prazo e, posteriormente, em títulos da dívida, passando o total das aplicações no grupo BES de 79,6% naquele mês, para 85,9% em outubro de 2012, mantendo--se sempre a níveis superiores a 81,5% e atingindo 98,4% em maio de 2014".[5]

112.

A partir de sensivelmente de setembro 2012, isto é, já no governo de Passos Coelho. O que se passou é fácil de entender: a extinção da *golden share* (sem aprovar ou sequer considerar alternativas) permitiu que a operadora fosse progressivamente *capturada* pelos interesses do seu maior acionista, o BES, culminando na decisão de investir na Rioforte em fevereiro de 2014. Estes fatos são propositadamente ignorados pela acusação para falsear o que se passou. Mas a verdade é a verdade, e posso afirmá-la com segurança: no meu mandato, nada disto teria condições para acontecer.

113.

O que este processo trouxe de novo para a prática penal foi a vertigem do insulto – a facilidade ou, melhor dito, a leviandade com que as autoridades penais se sentem autorizadas a produzir acusações gravíssimas sem fatos, sem indícios e sem provas. Pretender apresentar as desgraças da PT, que sucederam em 2014, como responsabilidade do Governo anterior é algo que nem o mais fanático politiqueiro se atreveria a fazer. Afirmar que a legítima decisão do Governo de vetar a venda da Vivo não passou afinal da encenação pública de uma farsa previamente combinada com os seus opositores é simplesmente de adoidados. Na verdade, esta deriva acontece porque, liberto do incômodo da prova, o acusador decide fazer o seu trabalho nas televisões, nas quais ninguém se lembra de lhe perguntar pelas evidências do que afirma.

---

[5] Relatório da Comissão de Auditoria à PT, julho de 2014.

JOSÉ SÓCRATES

Desta forma, ele pretende ocupar o ambicionado papel de consciência moral do regime político – só entra na política quem nós autorizarmos e só nela fica quem nós quisermos. Como alguns deles gostam de dizer, talvez agora nos temam: a luta penal deixa de ter regras, o adversário passa a inimigo, e contra o inimigo é lícito usar a mentira deliberada e o engano intencional. Não é apenas o poder que procuram, é principalmente a sua exibição: *a reputação de poder é poder.*[6]

---

[6] HOBBES, Thomas. "Capítulo X". *Leviatã*. Lisboa: INCM, 2002.

Capítulo X

O POST SCRIPTUM

114.

Não posso passar ao lado do tema do Partido Socialista. Desejo, no entanto, abordá-lo com brevidade e com a especial sensibilidade que sempre usei, tendo em conta a dimensão pessoal que me liga ao partido no qual militei durante cerca de quarenta anos e que liderei durante seis. Tenho uma ligação afetiva aos militantes do partido que sempre me levou a ter especial cuidado nas considerações públicas que faço, de modo a não ferir os seus sentimentos. Não, não sou ingrato, nem oportunista, nem quero agora agradar a outros. Mas tenho alguma coisa a dizer sobre o comportamento da direção do partido. Pondo de lado as questões pessoais, que também existem mas que não têm lugar aqui, o que há para dizer em público diz-se depressa e é mais ou menos isto: nunca esperei nem desejei alguma intervenção do PS no processo judicial que enfrento – disse-o desde o primeiro momento. Mas se nenhuma ajuda pedi à direção do Partido, também nunca esperei que esta me atacasse tão injustamente, não me deixando outra alternativa para defender a minha dignidade pessoal que não fosse a saída. Saída essa que, aliás, pareciam desejar – ela, a direção, e ela, a direita política. Bom, aí a têm.

JOSÉ SÓCRATES

115.

A história com o PS tem basicamente três momentos – o início, o fim e o longo silêncio entre ambos. Quanto aos dois primeiros, não há muito mais a dizer além do que já foi dito. O início decorreu da forma que já referi:

"[...] quero o que for político à margem deste debate. Este processo é comigo e só comigo. Qualquer envolvimento do Partido Socialista só me prejudicaria, prejudicaria o Partido e prejudicaria a Democracia. Defender-me-ei com as armas do Estado de Direito – são as únicas em que acredito. Este é um caso da justiça e é com a justiça democrática que será resolvido."

E o fim foi assim:

"Durante quatro anos protestei a minha inocência e defendi-me das acusações covardes e absurdas que me foram feitas: a falsidade da propriedade do dinheiro da Suíça, a falsidade sobre a propriedade do apartamento em Paris, a falsidade sobre a PT, a falsidade sobre a Parque Escolar, a falsidade sobre o TGV, a falsidade sobre a relação de proximidade a Ricardo Salgado. Durante quatro anos suportei todos os abusos: a encenação televisiva da detenção para interrogatório; a prisão para investigar; os prazos de inquérito violados sucessivamente como se estes não representassem um direito subjetivo que não está à disposição do Estado; a campanha de difamação urdida pelas próprias autoridades com sistemáticas violações do segredo de justiça; o juiz expondo na televisão a sua parcialidade com alusões velhacas; a divulgação na televisão de interrogatórios judiciais com a cumplicidade dos responsáveis do inquérito.

Durante estes quatro anos não ouvi por parte da direção do PS uma palavra de condenação desta prepotência, mas sou agora forçado a ouvir o que não posso deixar de interpretar como uma espécie de condenação sem julgamento e a negação do direito à presunção de inocência. Desde sempre, como seu líder, e agora nos momentos mais difíceis, encontrei nos militantes do PS um apoio e um

CAPÍTULO X - O POST SCRIPTUM

companheirismo que não esquecerei. Mas a injustiça que agora a direção do PS comete comigo, juntando-se à direita política na tentativa de criminalizar uma governação, ultrapassa os limites do que é aceitável no convívio pessoal e político. Considero, por isso, ter chegado o momento de pôr fim a este embaraço mútuo. Enderecei hoje uma carta ao Partido Socialista pedindo a minha desfiliação do Partido. Pronto, a decisão está tomada."

116.

Duas breves notas mais sobre este fim. Nesse dia, estava a escrever um artigo sobre Manuel Pinho, não só por sentir ser meu dever pessoal reafirmar a minha confiança num amigo e antigo colega de Governo, mas sobretudo para lembrar o princípio da presunção de inocência e o direito de Manuel Pinho a defender-se juridicamente no momento que achar mais conveniente. Ao acabar o artigo, ouvi Carlos César, presidente do PS, falar sobre Manuel Pinho. Sem sequer ouvir o que o próprio tinha a dizer em sua defesa, achou que era o momento para o condenar publicamente, sem direito a defesa ou ao devido processo legal: "ficamos muito entristecidos e até enraivecidos com isto, com as pessoas que se aproveitam dos partidos políticos e nomeadamente do nosso e tenham comportamentos desta natureza e dimensão". Nesse mesmo dia, de visita ao Canadá, o líder do PS dirá também que "a confirmarem-se as suspeitas de corrupção nas políticas de energia será uma desonra para a democracia". Tristeza, raiva, desonra. Acho que os dois principais dirigentes do PS não podiam ser mais claros: o que fizeram foi uma condenação sem julgamento, uma condenação pública sem direito a defesa. E não, não teve a ver só com Manuel Pinho – o ataque do Ministério Público foi e continua a ser a todo o Governo do PS da altura.

117.

Não posso dizer que esperava – porque não esperava. Nunca esperamos um golpe que ponha em causa os princípios básicos que regulam a nossa vida social, ainda por cima vindo de quem partilhou conosco anos de vida política. Alguns ainda tentaram dizer que não era comigo, era com o Pinho. Mas isto nada tem de pessoal, tem a ver com fundamentos essenciais da vida em conjunto que, não sendo estes muitos, como os fanáticos gostam, devem ser levados muito a sério. Como dizer-vos? Isaiah Berlin punha as coisas assim:

"Há regras de há tanto tempo e tão extensamente aceites que observá-las já constitui participar da conceção do que seja um ser humano normal. Quando falo de um ser humano normal, o que quero dizer é que ele não poderia quebrar essas regras sem um esgar de repulsa. Quebram-se regras como essas quando um homem é declarado culpado sem julgamento, ou quando crianças são obrigadas a denunciar os pais...".[1]

118.

Foi exatamente o que senti – um *esgar de repulsa*. Foi então que decidi acrescentar ao artigo que estava a escrever um *post scriptum* com o texto que leram acima. Já me tinha ocorrido que a decisão de sair do partido poderia vir a acontecer, mas nunca assim, com um *post scriptum*. Na verdade, o impulso foi tão forte que não desejava nenhuma solenidade no ato. Ao rever o que a direção do partido foi capaz de fazer, dou-me conta de como a situação já estava apodrecida. Na verdade, a sensação foi de alívio, já tinha ouvido silêncio a mais.

---

[1] BERLIN, Isaiah. "Two concepts of liberty". *Four Essays On Liberty*. Oxford University Press, 1969.

CAPÍTULO X - O POST SCRIPTUM

119.

No entanto, o mais difícil não foi o fim, nem o princípio, mas o que esteve no meio – os três longos anos em que o PS assistiu, sem nada dizer, a um cúmulo de excessos, de abusos e de ilegalidades cometidas pelo Estado contra mim. Já tinha passado por situação semelhante, quando a anterior direção do PS, perante os ataques políticos que eram feitos ao meu Governo, se decidia pelo silêncio, sem sequer se dar ao trabalho de denunciar a crise política que a direita política causou com o chumbo, no Parlamento, do Programa de Estabilidade e Crescimento e sem sequer recordar que essa foi a primeira vez que a Assembleia da República pôs em causa um acordo com as instituições europeias, acordo esse feito por um Governo legítimo, embora minoritário. Na verdade, o que se passou na altura e o que se passou agora representa uma alteração na cultura política do partido: o partido socialista deixa de defender os seus governos anteriores, coisa que jamais acontecera. Talvez a única coisa que se aprende com esta nova cultura seja como fazê-lo de forma cínica – dizendo que queremos discutir o futuro, deixando os adversários à vontade para atacar quem nos antecedeu.

120.

E, já agora, sem pretender carregar mais nas tintas, também não é verdade que o Governo se mantivesse completamente afastado e neutral quanto ao desenvolvimento do processo, porque, afinal, quando foi preciso mostrar de que lado estava, não hesitou em fazê-lo. Nas vésperas de mais um *adiamento* dos prazos do processo, a senhora ministra da Justiça decidiu acompanhar o senhor Presidente da República numa extraordinária e totalmente inédita visita presidencial ao DCIAP, visita essa que só podia ser interpretada, como foi, como um ato de cobertura política aos abusos que cometeram contra mim. Sobre o episódio escrevi, para registo:

O senhor Presidente de visita ao DCIAP

O senhor Presidente da República, devidamente acompanhado da senhora ministra da Justiça, decidiu visitar o DCIAP para dar cobertura política a uma instituição que se prepara para, mais uma vez, violar os prazos de inquérito na operação marquês. Os fatos são estes: o Tribunal da Relação de Lisboa fixou, quando decidiu atribuir a este processo especial complexidade, a data de 19 de outubro de 2015 como data final do inquérito. Chegados àquela data, o senhor diretor do DCIAP começou por dar um prazo de um mês para que lhe fosse apresentado um relatório. Decorrido esse mês, fixou então um novo prazo de três meses para... fixar o prazo final. Esgotados esses três meses, o senhor diretor faz novo adiamento, dando mais seis meses para concluir o inquérito, salvo "circunstâncias excecionais". Uma semana antes de terminar o prazo e antes de anunciar novo adiamento, o senhor Presidente, acompanhado pela senhora ministra da Justiça, decide ir visitar o DCIAP. O significado desta visita é evidente. Antes de violar de novo a lei, o Ministério Público quis, e obteve, um sinal de proteção política. Não querendo ficar sozinhos na ilegalidade, procuram a cobertura da política. O Presidente e a senhora ministra da Justiça, dando atualização a essa velha cultura de proteção oficial, dispôs-se ao lamentável papel de amparo dos abusos institucionais cometidos. Como é próprio dessa cultura, ambos fingiram então que o objetivo era visitar "uma peça fundamental da justiça". Sem ilusões sobre os protagonistas, escrevo só para registo futuro. O Presidente deve obediência à Constituição, e o mais sagrado dessa Constituição são os direitos individuais, não é a proteção descarada a uma instituição que abusa dos seus poderes e comete violências injustificadas.

121.

Compreendi e apoiei, em especial no início do processo, a preocupação da direção de não envolver o partido na querela judicial que só a mim respeita e à qual é estranho. A disputa penal é sempre uma batalha singular e solitária. Não obstante, o que percebo mal é que o PS não tivesse encontrado uma oportunidade para condenar os abusos e as ilegalidades das autoridades quando estes passaram a ser evidentes

CAPÍTULO X - O POST SCRIPTUM

– a detenção/espetáculo; a prisão sem fatos e sem provas; a prisão para humilhar, para investigar e para criar uma injusta e ilusória imagem de culpabilidade; a inacreditável campanha de difamação promovida pelos agentes estatais com a violação do segredo de justiça; a escandalosa violação dos prazos de inquérito previstos na lei. O silêncio não só normalizou os abusos como tornou o PS cúmplice dessas arbitrariedades. E entendamo-nos num ponto: o silêncio nada teve a ver com respeito pela independência judicial, mas com a óbvia interpretação desse silêncio como aquiescência perante os abusos das autoridades. No fundo, o silêncio do PS legitimou uma certa *política de justiça*.

122.

Finalmente, a questão espinhosa. No debate sobre a posição do Partido Socialista surge invariavelmente a pergunta da traição. A questão é séria e pede análise cuidada. Comecemos por separar os planos. No aspecto pessoal, não posso dizer que houvesse qualquer traição ao espírito de camaradagem por parte do atual líder do PS para com quem o antecedeu no cargo, pela simples razão de que não se atraiçoa o que nunca existiu. No caso, o companheirismo é instrumental. Todavia, no plano político, que é o que realmente interessa, a questão é diferente. Para ir diretamente ao assunto, a direção do partido não honrou a sua Declaração de Princípios: *O Partido Socialista considera primaciais a defesa dos direitos, liberdades e garantias fundamentais dos cidadãos.*[2] Ao negar esses valores, e não apenas por omissão, o PS abandonou conscientemente a principal referência da sua cultura política. E entendamo-nos bem sobre este ponto. A declaração de princípios de um partido consiste na enunciação perante o mundo dos valores que não ficarão reféns da contingência e dos quais, em nenhuma circunstância, os seus militantes abdicarão. Foi em nome deste ideal de liberdade – direitos individuais

---

[2] Declaração de princípios do PS. Disponível em: http://www.ps.pt/wp-content/uploads/2016/06/Declaracao_de_Principios_PS.pdf. Acesso em: 29 de abril de 2021.

e limites ao poder estatal – que o Partido Socialista fez o seu combate em 1975 e no qual construiu a sua identidade como grande partido popular.

Em síntese, e para não me demorar muito mais neste ponto, a minha divergência com a direção do PS é política. Considero inaceitável que, com a esfarrapada desculpa da autoproteção, o partido não denuncie os abusos judiciais seja contra quem for e, pior, os procure esconder debaixo da triste cultura da cumplicidade institucional. Na verdade, neste caso, no processo marquês, o partido fez uma escolha. E fê-la com base na oportunidade e no interesse da sua liderança. Primeiro, ao dar livre passe à direita para me difamar e ofender, pretendeu poupar-se como alvo. Por outro lado, os ataques que a direção do partido deliberadamente ignorou serviram também como remédio para algo que sempre a assombrou – o único líder que teve uma maioria absoluta deveria ser removido da história do PS. Mas nem sempre as coisas correm como planejado e às vezes os mais maquiavélicos são também os mais ingênuos. Digamo-lo assim, como Ulysses Guimarães – *a política ama a traição, mas despreza o traidor.*

Capítulo XI

COMO SE NÃO HOUVESSE FIM

123.

Já li algures que há homens que não sabem morrer. O seu mundo é feito de confiança e ação, como se não houvesse fim – porque o fim não existe, porque a *morte não é um acontecimento da vida.*[1] Quando partem, não é a sua morte que sobra em nós, mas a sua vida, grande demais para acabar. É assim que recordo Mário Soares – há quem não saiba morrer.

124.

Na primeira visita, contou-me como ele e a sua mulher, Maria Barroso, ficaram tristes quando viram na televisão a minha detenção. Respondi-lhe que isso era o que mais me doía, a consciência do sofrimento alheio de tanta gente: *"bem sei, já passei por isso"*, retorquiu.

---

[1] WITTGENSTEIN, Ludwig. *Tratado Lógico-Filosófico*. Lisboa: Fundação Gulbenkian, 2008.

Quando acabámos a conversa, estava de novo animado: *"vamos lutar e vamos vencer"*. À saída, indignado, disse tudo o que pensava sobre a prisão, e que mais ninguém teve coragem de dizer.

125.

Adorava visitar-me provocatoriamente fora do horário das visitas. Só avisava quando já estava a caminho, o que deixava o diretor desconcertado: *"isto de ser conselheiro de Estado há de servir para alguma coisa"*. Sempre que estávamos juntos trazia uma nova ideia de ação. Sugeriu que nos correspondêssemos por escrito e que publicássemos as cartas nos jornais. Escrevi-lhe no dia em que fez noventa anos.

126.

Parabéns. Lá vi os seus amigos de sempre. Os amigos de todos os quadrantes políticos que celebravam uma vida pública. Uma vida, duas lutas. A luta contra o fascismo do Estado Novo e a outra contra o que se percebia ser uma ditadura de sinal contrário. A sua vida política, querido amigo, é justamente marcada por esses dois momentos de coragem – o do combate, sim, mas também o do compromisso.

[...] Se bem ajuízo, ali celebrava-se o carisma de um personagem, esse "não sei quê" excepcional que distingue os líderes políticos. No seu caso o carisma envelheceu bem. O que começou como "carisma de combate", como podemos ver no olhar de desafio das suas jovens fotografias, evoluiu para o "carisma de fundação" democrática, de quem teve a grandeza de recusar a violência, a vingança, e soube estender a mão para um novo começo. Não há carisma sem coragem: num determinado momento (sim, há sempre um momento), confrontado com o risco, a contingência e a incerteza da política, nesse momento, levantou-se e mostrou o caminho, disposto a contrariar o que parecia já decidido.

CAPÍTULO XI - COMO SE NÃO HOUVESSE FIM

127.

Respondeu-me com uma carta cheia de afeto e de generosidade. Eu preso, vilipendiado nos jornais e impedido de me defender da forma que gostaria; ele, político consagrado e fundador do regime democrático. Com total desprendimento e sem outro cálculo que não fosse o seu dever de amizade para comigo e o dever de denunciar a prepotência, escreveu:

128.

Meu querido amigo,

Quero agradecer-lhe, em primeiro lugar, a carta tão amiga que me enviou por altura dos meus noventa anos. Chegou-me tardiamente e só por isso agora lhe respondo.

Sabe como o admiro pela sua honradez, valentia e amizade dos seus amigos. Que são imensos, felizmente e como têm demonstrado com as visitas que lhe têm feito, apesar dos jornalistas ao serviço dos que infelizmente, sem qualquer julgamento prévio, o querem destruir política e eticamente.

Prender-se, sem qualquer julgamento prévio, alguém que veio voluntariamente para o seu país, sabendo que ia ser preso, significa um gesto que, se houvesse justiça, não podia ter qualquer razão de ser. A intervenção da Procuradora-Geral da República, se tivesse qualquer sentido democrático, também o que se passou consigo nunca podia acontecer. Mas aconteceu.

Querido Amigo, está há um mês preso, sem ter sido julgado nem haver qualquer razão jurídica para o ser. Sei que é uma pessoa extremamente corajosa e que nunca se afligiu com a pouca vergonha que lhe têm feito. Sem excluir o juiz que o tem obrigado a ser tratado vergonhosamente. É o que toda a gente pensa. Tem consciência de que não tem nada que o possa atingir gravemente. Por isso está tão firme e confiante quanto ao futuro. Os meus parabéns nesta época natalícia. Cada vez o admiro mais.

*A sua coragem e firmeza ética levam-me – e aos nossos imensos cama-
radas – a considerá-lo como uma grande figura do socialismo democrático que
sempre foi e é. Por isso também o estimam tanto.*

*Viva a República, a Democracia e o Socialismo Democrático. Viva Por-
tugal.*

*Aceite um abraço do seu velho amigo e admirador, que tanto o estima,
Mário Soares.*

129.

Ainda hoje esta carta me emociona. Ela constitui um grato momento nesses tempos sombrios. O seu significado político é tão forte
que acharam que isto não podia ficar assim, tratando de a desmerecer e
depreciar em todas as oportunidades e de várias formas. Alguns, eternos
calculistas, procuraram ajustar contas com a sua própria pusilanimidade
moral, considerando a atitude de Soares em minha defesa consequência
de uma imprudente sensibilidade à amizade. De tanto se preocupa-
rem com a sua modesta imagem pública, nunca souberam reconhecer
a nobreza, nem perceber a singular envergadura dos gestos de Mário
Soares. Como poderiam, aliás? É muito difícil para alguns compreender
o que nunca esteve ao seu alcance, o que esteve sempre para além do
cálculo e da vantagem. E quem não percebe, repudia – isso não existe.
Tudo fizeram para minimizar o conteúdo político das suas atitudes,
mas nunca conseguiram. Sim, ele fê-lo por amizade; mas fê-lo também
como forma de combater as arbitrariedades cometidas contra mim. Ele
denunciou-as, outros calaram-se. Para outros, em particular uns quantos comediantes que gostam de andar por aí chocalhando adornos inte-
lectuais, acharam divertido insinuar, com um repugnante paternalismo,
que a atitude de dedicado companheirismo que ele teve para comigo
até ao fim era já sinal de declínio intelectual e não devia ser levado a
sério. Enfim.

CAPÍTULO XI - COMO SE NÃO HOUVESSE FIM

130.

A minha ideia não é escrever sobre a personalidade ou a vida de Mário Soares – isso seria outra tarefa e outro livro. O meu desejo é que ele ocupe neste livro o espaço fraterno que ocupou na minha vida nestes tempos difíceis. Tornámo-nos próximos no final de 2006, durante a difícil campanha presidencial que disputou apoiado pelo PS e que, infelizmente, não nos correu bem. A direita estava há muito à espera do anúncio da sua intenção e bem preparada para fazer imediatamente a desconstrução da sua imagem, no que foi muito ajudada pela divisão dentro do PS em resultado da candidatura de Manuel Alegre. Logo nos primeiros dias compreendi que ia ser uma luta difícil, ainda por cima com uma certa esquerda a fazer a insidiosa campanha da cidadania contra o aparelhismo partidário, considerando a intervenção cívica do ativista político independente como condição politicamente superior à do militante partidário. Isso custou-nos não uma, mas duas eleições presidenciais. Em 2011 foi a vez de Alegre ser vítima do eleitorado socialista moderado, que nunca lhe perdoou a campanha contra Soares e a excessiva e provocatória aproximação ao Bloco de Esquerda. Mas, enfim, do ponto de vista pessoal resistimos. Nunca me zanguei com Alegre, e, mais tarde, Mário Soares acabou por fazer as pazes com ele, o que me deixou satisfeito.

Acresce que tive de fazer a campanha de muletas, em resultado de uma cirurgia a uma rotura de ligamentos no joelho. O bom companheirismo que tivemos a partir daí resultou da dureza da campanha, é certo, mas, gosto de pensar, essa camaradagem resultou também de uma certa proximidade de temperamento entre nós. Na noite da derrota, que ele assumiu com toda a dignidade, fiz questão de estar a seu lado, coisa que sei que ele apreciou. Nos dias a seguir visitou-me para me dizer que ia ficar um mês sem nada dizer e que voltaria depois às suas crônicas no jornal e às intervenções públicas: *"vou estar a seu lado"*. Para ele, a campanha já era passado e não sei se o silêncio chegou sequer a durar um mês.

131.

No dia em que saí da prisão, fui almoçar a casa dele – única forma que tinha de mostrar publicamente o meu reconhecimento. No almoço, falou-me com ternura de Maria Barroso, que tinha perdido recentemente, e da falta que lhe fazia.

132.

Depois falámos longamente de política – um dos temas foi o Brasil, onde tudo estava a começar. Foi sempre um grande admirador de Lula e o primeiro a falar-me dele com entusiasmo: *"muito inteligente, vai ver que vai gostar dele"*. Já em 2005, contara-me um episódio divertidíssimo de uma ocasião em que Lula veio a Portugal quando ele era Presidente da República e pediu um encontro. Mário Soares estava em Elvas e mandou um carro levá-lo lá, onde estava em programa oficial. A meio da conversa, Soares pergunta-lhe se já tinha estado em Espanha, que estava ali ao lado:

"disse-me que não. Decidi, então, fazer com ele um pequeno passeio até ao outro lado da fronteira e voltar. Ficou contente, dois países num só dia. Quando regressámos, um dos meus adjuntos disse-me que talvez tivesse violado a Constituição por ter ido ao estrangeiro sem autorização da Assembleia da República". Viríamos a recordar o episódio os três, na altura em que Lula veio a Portugal apresentar o meu primeiro livro.

Lula da Silva. Sim, as coisas estavam a começar no Brasil – o *impeachment* a começar, o cerco da imprensa a continuar, a operação lava--jato em desenvolvimento e os juízes a ensaiar nos jornais a construção da biografia de heróis populares. Perguntei-lhe o que achava:

"o gajo é forte – vai resistir".

CAPÍTULO XI - COMO SE NÃO HOUVESSE FIM

133.

Resistiu. Mas que luta. O *impeachment*, a humilhante "condução coercitiva", a divulgação das escutas ilegais entre ele e Dilma, a inacreditável conferência de imprensa dos procuradores, exibindo o famoso *power point*, apontando-o publicamente como culpado de tudo e sem lhe darem sequer oportunidade de se defender. Depois a acusação do triplex, depois a morte amargurada de sua mulher, Marisa, depois o julgamento, depois a sentença de Moro, que o condena por corrupção por "atos indeterminados", finalmente a prisão.

Destes tempos, fica-me a imagem de uma fotografia, ou melhor, duas. A primeira é de Leonardo Boff, o teólogo da libertação, internacionalmente conhecido e admirado no mundo intelectual, que, já com oitenta anos, de longa barba branca e apoiado na sua bengala, está sentado sozinho num banco à porta da polícia federal, em Curitiba, à espera de autorização para visitar Lula da Silva e levar-lhe conforto espiritual. Autorização recusada. A outra fotografia é da juíza Carolina Lebbos, juíza de execução de penas, que entrou na cena política brasileira quando decidiu negar as visitas de vários amigos ao antigo presidente, entre os quais o referido Leonardo Boff, o prêmio Nobel da Paz Pérez Esquivel e Ciro Gomes, candidato a Presidente da República, adversário político e amigo de Lula. O que não podemos deixar de notar nessa fotografia, por contraste com a barba branca e a bengala de Boff, é a juventude da juíza – tão nova. Ficamos a pensar que espécie de ódio é este, capaz de afligir assim corações tão jovens ainda.

134.

Talvez o aspecto mais trágico da situação política brasileira seja o desaparecimento, lento mas aparentemente inexorável, do que considerávamos ser a direita democrática. Na verdade, ao aceitar ser protagonista do golpe parlamentar, abriu as portas do Inferno – será ela a primeira vítima e será ela a pagar o preço mais elevado. No seu vagaroso suicídio, deixa para trás o ovo da serpente: a extrema-direita e o seu rasto de ódio e de intolerância democrática. E o mais inquietante, o mais arrepiante, é a suspeita que há muito nos assalta o espírito: talvez este seja o verdadeiro rosto da direita brasileira, que vê chegar o seu momento e a sua oportunidade – a de finalmente poder dizer aquilo em que sempre acreditou.

De qualquer forma, o Brasil terá pela frente uma tarefa política gigantesca. Mais tarde ou mais cedo, será preciso reconstruir as pontes que a violência política destruiu e restaurar a confiança institucional. Esse trabalho histórico precisa de um personagem, e quem será ele? Sim, quem será capaz de se elevar acima do trauma e do ressentimento, estendendo a mão para um novo começo? Ninguém sabe, mas arrisco dizer que quem o pode fazer está preso há quatro meses. Faltam cinquenta dias para as eleições.

135.

Soares e Lula. Porventura falei demais deste num capítulo dedicado ao primeiro. Mas deixo ficar assim, como está, animado por essa estranha ideia de que ele gostaria que assim fosse, que discutíssemos Lula e o Brasil, que ele tanto amava. Quem privou com Mário Soares sabe como ele gostava de falar de política e de fazer planos para o futuro em conversa com os outros. Nunca lhe agradou falar do passado. Gostava que se interessassem pela sua vida política, claro, que escrevessem sobre ele – afinal, como todos os homens da política, não era insensível à lisonja. Mas a sua inclinação, melhor dito, a sua pulsão como homem político era a ação – olhar para a frente, não para trás. E, afinal, o Brasil era na altura a mais interessante questão da política internacional.

Lembro-me de um dia lhe falar do meu gosto por livros de memórias (na verdade, com a sugestão implícita para que escrevesse as suas), referindo vários que aprecio. Não gostou: *"isso de livros de memórias é para quem está acabado. Não é o nosso caso"*. Devia ter adivinhado: afinal que importância tem isso de falar de lá, da eternidade? A vida, mais uma vez, só pode ser plenamente vivida como se não houvesse desfecho, sem pensar no além. O homem republicano impõe-se pelo

CAPÍTULO XI - COMO SE NÃO HOUVESSE FIM

seu mérito e biografia, pela sua própria vontade e ação – *ele não é um herdeiro. Para si mesmo, ele é a sua própria origem.*[2] É assim que gosto de recordar Mário Soares.

---

[2] OZOUF, Mona. *Le Panthéon*. Apud. MONOD, Jean-Claude. *Qu'Est-Ce Qu'Un Chef en Démocratie?*: politiques du charisme. Paris: Éditions du Seuil, 2012.

Capítulo XII

DEEM–ME O HOMEM, ENCONTRAREI O CRIME

136.

De volta ao processo. Durante muito tempo tive curiosidade em saber como começou e porque começou o processo marquês. A resposta chegou no final de 2015 quando, depois de mais uma longa batalha jurídica, pude finalmente ter acesso aos autos do inquérito (diz muito sobre a violência praticada, que só pudesse ter tido acesso aos autos do processo cerca de um ano depois de ter sido preso). De qualquer forma, o processo começou pela Codecity. Durante o primeiro interrogatório fui informado de que esta pequena palavra era o nome de uma empresa que se dedicava a negócios de transmissão de jogos de futebol, sendo propriedade de Carlos Santos Silva e de Rui Pedro Soares, que a terão constituído juntos, como sócios, e realizado um lucrativo negócio com a compra e a venda de jogos da liga espanhola. Nunca explicaram, aliás, que crime terão eles cometido, mas afirmavam que eu estaria por detrás dele. Expliquei ao procurador e ao juiz que devia haver um qualquer equívoco: nunca tinha ouvido falar dessa empresa, nunca discuti fosse com quem fosse qualquer atividade de tal empresa – pura e simplesmente, o nome Codecity nada me dizia. Perante a insistência do juiz, que debruçado sobre a mesa me perguntava maliciosamente se Rui Pedro Soares não era um amigo próximo, insisti que o fato de ser seu amigo (quem me é próximo, sou eu a decidir, respondi) não tornava a imputação verdadeira e exigi prova do que afirmavam: mostrem-me qualquer fato, qualquer indício, seja o que for que me ligue a tal empresa – nada têm, nada podem ter, porque isso não é verdade. Na realidade, as perguntas, feitas com aquela linguagem corporal que se reserva para as perguntas importantes e sagazes, pareciam-me completamente absurdas e até estúpidas: sim, um e outro são meus amigos, isso é aliás público, não precisam de perguntar, mas o que é que isso tem a ver com o que estamos a discutir? Não conheço nenhuma Codecity, nunca discuti nada que pudesse ter a ver com semelhantes negócios e acresce ainda que nunca os meus amigos se sentiram obrigados a entregar-me relatórios periódicos da sua atividade profissional. Só nessa altura percebi as suas técnicas: não tinham nada, nem precisavam de nada. Afinal o raciocínio era simples e destinava-se aos pasquins e não a quem entendesse de lógica silogística: se Carlos e Rui são amigos de Sócrates; se estes fazem um qualquer negócio entre si; então é evidente que Sócrates está por detrás desse negócio – imputação por contato. Eis, sem nenhum exagero, o glorioso começo do processo marquês, iniciado com base numa suspeita que não tem um fato, um único fato, que direta ou indiretamente, de perto ou de longe, me diga respeito ou me envolva.

137.

Concluído o interrogatório, o procurador, na sua linguagem vaticânica, decide abandonar a impostura e pôr de lado a imputação. Escreve ele: "quanto ao negócio da transmissão dos direitos sobre os jogos de futebol se não trouxe qualquer luz quanto à ligação dos mesmos aos interesses ou ao impulso contratual por parte de José Sócrates". Perversidade de compêndio, aliás confessada: se nenhuma luz surgiu no final do interrogatório, é porque nenhuma luz existia no início. A acusação nunca teve qualquer fundamento.

CAPÍTULO XII - DEEM–ME O HOMEM, ENCONTRAREI O CRIME

Mas o juiz não deixa. No seu despacho, decide mostrar quem é o verdadeiro procurador: "No que diz respeito aos negócios de transmissão de direitos sobre jogos de futebol, importa assegurar, ou não, que a investigação disponha de tempo para os investigar de forma cabal, perante as diligências de prova ora levadas a cabo". Sem qualquer competência que o justifique, ou melhor, invadindo competência alheia, o juiz ordena, com este português atrapalhado que leram, investigar o que o Ministério Público havia, imediatamente antes, reconhecido não ter fundamento algum para fazer. A desatinada imputação, que fez nascer o processo, acabará desta forma por o acompanhar nas televisões e nas capas dos jornais ao longo dos últimos quatro anos. Julgo que é justamente para caracterizar comportamentos como este que o mundo jurídico construiu o conceito de abuso de poder.

138.

Em última análise, a imputação da Codecity nunca passou de um pretexto. Como descrevi acima, nunca existiu qualquer indício que justificasse ser parte nesta investigação – nem uma escuta, nem um documento, nem denúncia, nada. Absolutamente nada. A razão para a sua existência foi outra: servir de fundamento à abertura do inquérito. Nunca se tratou de investigar um crime, mas de atingir um alvo previamente selecionado.

Mera desculpa para escutar, para seguir, para devassar: alguma coisa encontraremos. *Deem-me o homem, encontrarei o crime.*[1]

139.

Avancemos. Agora para nos ocuparmos do apartamento de Paris, que constitui um dos mais impressivos capítulos da acusação. Percebe-se

---

[1] Frase atribuída a Andrey Vyshinsky, procurador dos processos de Moscovo.

bem esta atenção e a intenção: num processo iniciado pela rua e criado para a rua, um apartamento em Paris mostra, numa visão social alargada, um símbolo acabado do luxo com o qual se pretendeu retratar a minha vida em Paris. No fundo, ele foi o meio escolhido para desenvolver as campanhas já iniciadas nos jornais e vergonhosamente fomentadas pelos meus adversários políticos, apresentando-me não como alguém que decidiu, depois de uma intensa carreira política, tirar um ano sabático para frequentar uma universidade, ao mesmo tempo que acompanhava os filhos no final do secundário, mas como alguém que enriqueceu repentinamente por meios ignotos, que esconde a sua fortuna e que vive dela num luxo ofensivo para uma população mergulhada numa crise econômica e social atroz, cuja responsabilidade a direita partidária insistentemente me atribui. Acontece que toda esta história é falsa, desde o primeiro e mais decisivo elemento dela: nunca fui proprietário de nenhum apartamento em Paris.

140.

Vejamos. Carlos Santos Silva resolveu adquirir um apartamento em Paris como investimento imobiliário, que é a atividade a que se dedica há dezenas de anos e que se destinava, realizadas as indispensáveis obras de reabilitação e de beneficiação, à venda ou ao arrendamento. Até ao início das obras, eu e os meus filhos pudemos, porque o proprietário se ofereceu para isso, habitar o apartamento, que carecia de urgentes obras de requalificação, durante cerca de nove meses – de setembro de 2012 a junho de 2013. Depois, e porque as obras demoraram mais do que o previsto, decidi, em dezembro do ano de 2013, arrendar outro apartamento na mesma cidade, desistindo de voltar a habitar o de Santos Silva, como fora meu propósito inicial.

De tudo isto, deduziu o Ministério Público que, tendo eu habitado o apartamento por nove meses, o apartamento afinal me pertencia, assentando a dedução em especulações diversas, sendo a mais importante, segundo eles, o tom impaciente usado por mim nas conversas telefônicas com o meu amigo relativamente ao arrastar das obras de

CAPÍTULO XII - DEEM–ME O HOMEM, ENCONTRAREI O CRIME

requalificação. Segundo a acusação, esse tom – o tom, como prova, imagine-se – denotaria uma posição de proprietário, não de inquilino.

141.

Acontece que isso é negado por fatos óbvios, alguns apurados pela própria investigação, dos quais decorrem tais contradições com a tese defendida, que só uma completa ausência de honestidade permite manter. *Fato*: nunca intervim nem participei com sugestão, conselho, escolha ou por qualquer outra forma na decisão de compra do referido apartamento. Não existe no processo, nem poderia existir por nunca ter acontecido, vestígio algum de ação ou intervenção minha na decisão de compra do apartamento, que é, de acordo com os dados normais da experiência comum que tanto gostam de invocar, o fato mais demonstrativo do *animus domini*, ou seja, do domínio e da posse do bem. *Fato*: nunca intervim, nem participei de qualquer forma, na elaboração do projeto de remodelação do apartamento, nem na escolha da empresa a quem foi adjudicada a obra de reparação e decoração do apartamento. Ora, se fosse de fato o proprietário do apartamento, tal intervenção teria certamente acontecido e teria sido registada por algum documento ou por algum testemunho. Nada se encontrou porque tal nunca aconteceu. Difícil ainda explicar por que razão uma investigação que tudo devassou, se tenha poupado ao trabalho de ouvir o responsável da empresa a quem a obra foi adjudicada e que não deixaria de dizer a verdade: nunca recebeu outras indicações ou orientações que não fossem do proprietário e que a única visita que ali fiz, previamente combinada com o engenheiro Carlos Santos Silva, se destinou apenas a verificar o estado e avanço das obras e a reportar ao proprietário. *Fato*: desde janeiro de 2014 habitava um outro apartamento alugado na mesma cidade. Na altura em que fui detido e me imputaram a posse oculta de um apartamento em Paris, lembrei a ambos, juiz e procurador, que nesse mesmo momento habitava um outro apartamento na mesma cidade. Como é então possível insistir em atribuir a alguém a propriedade de um determinado apartamento, quando essa mesma pessoa está a viver num outro apartamento

123

alugado e na mesma cidade? Se fosse o dono desse apartamento, cuja remodelação estava já concluída no verão, não seria óbvio que ali escolheria viver? Desafia todas as regras lógicas que alguém, proprietário de um apartamento, decida alugar outro na mesma cidade e que manteve até ao final do ano de 2014, já depois da prisão. Finalmente, e para não ser maçador, último *fato:* não tive, nem tinha obviamente de ter, nenhuma interferência no destino a dar ao referido imóvel. Quando, no final das obras, se coloca a questão de decidir o futuro – arrendamento ou venda; com mobília ou sem ela; com os atuais ou com mais móveis –, é com o engenheiro Santos Silva que o seu advogado Gonçalo Ferreira discute e é dele que obtém instruções.

A conversa telefônica interceptada pela investigação não deixa, nesta matéria, margem para qualquer dúvida: expostas as alternativas, a decisão sobre o que fazer é imediatamente tomada pelo legítimo proprietário, decidindo com total autonomia. Ora, como está bem de ver, se o apartamento me pertencesse, não deixaria de ser consultado e a decisão adiada. Nada disso aconteceu. Bom, não quero aborrecer o leitor com mais detalhes. Os fatos que descrevi, para qualquer espírito livre de preconceitos, tornam a imputação simplesmente absurda.

142.

A esta flagrante oposição entre os fatos e a teoria, responde a investigação com o conhecido e muito usado argumento de que tudo isso só aconteceu para "disfarçar". É um triste e degradante argumento que, como já referi, se dirige mais a um julgamento moral do que a um julgamento de conduta. Se o teu comportamento é irrepreensível, então ele não passa de uma forma de ocultar as piores intenções e encobrir os atos mais censuráveis. Na verdade, não passa de uma alegação básica e de último recurso, que é usado em situações de desespero quando os fatos teimosamente desmentem as maldosas efabulações de quem se devia restringir aos fatos e não às ofensas de caráter. Mas a pergunta elementar é esta: que propósito de disfarce podiam ter os próprios investigados se nenhum conhecimento tinham de que decorria uma investigação?

CAPÍTULO XII - DEEM–ME O HOMEM, ENCONTRAREI O CRIME

143.

A escrita é dor diferida. Ao escrever sobre estes detalhes da minha vida, expondo em consequência a minha família e os meus amigos, dou-me conta, talvez como em nenhum momento anterior, da violência e da humilhação. Eis o método: ponho-te sob escuta por um motivo fútil, ouço tudo o que dizes durante um ano e meio – ano e meio – e a partir daí a devassa da tua vida será de tal envergadura, que cada pormenor será por nós devidamente selecionado, pervertido e transformado em comportamento suspeito, de modo a que não te reste outra solução que não seja explicares-te indefinidamente em público, num exercício aviltante do qual dificilmente sairás o mesmo. E nem precisamos de concretizar nada, nem precisamos de acusar, e muito menos provar seja o que for. Basta-nos que os jornais divulguem as escutas que nós selecionámos e que também interpretámos perversamente com todo o cuidado. A partir daqui já não haverá diferença entre o que é público e privado, pertence-nos completamente porque, na realidade, ninguém nos fiscaliza nem diz quais os limites do nosso poder – temos o polícia, temos o procurador, temos o juiz, e enquanto estiveres nesta jaula de ferro, faremos o que quisermos. Há momentos em que a escrita é dura, mas libertadora.

144.

Olhando para trás, é fácil compreender o que aconteceu e difícil, muito difícil, aceitá-lo sem repugnância. O que fizeram foi isto: temos de o impedir de continuar na televisão, acabará candidato a Presidente da República. A estratégia foi a seguinte: primeiro, vamos fazê-lo depois do inquérito denominado Vistos Gold, assim parecerá que agimos contra os dois lados – contra o Governo da altura e contra o Partido Socialista. Depois detemo-lo com toda a violência, ameaçamos os seus familiares, os seus amigos, os seus próximos, vasculharemos tudo. Prendemo-los a todos, até o motorista: alguém há de denunciar alguém. Depois, declararemos de imediato o processo de "especial complexidade", isto permitirá que fiquem nas nossas mãos, isto é, na prisão, durante todo um ano, durante o qual nem sequer precisamos de apresentar acusação – bastará a intensa e contínua campanha que faremos nos jornais. Será uma questão de tempo até obtermos as provas de que necessitamos para o incriminar. Sim, a brutalidade é o eixo da estratégia – a prisão, o ódio social e o medo farão o resto. E depois ainda pediremos os papéis à Suíça, ali virão os nomes, todos os nomes e, certamente, o nome dele estará lá, temos a certeza de que estará lá. Foi basicamente isto que se passou. O que correu mal no plano foram duas coisas. Primeiro, as pessoas nada tinham para dizer senão a verdade. E nada tinham para me incriminar porque nunca cometi nenhum crime, porque estou inocente das acusações que me fazem. A segunda coisa que correu mal é que, nos papéis enviados pelo banco suíço, o meu nome não constava de qualquer documento. Esta foi, na verdade, a sua primeira derrota e a sua primeira desilusão – o fato novo do início de 2015.

145.

O fato novo

Há um fato novo que tem sido diligentemente ocultado pelo Ministério Público. É que, tendo a investigação recebido as informações bancárias relativas às tão referidas contas na Suíça, elas confirmam que em lado algum delas sou referido. Nem como titular, cotitular, último beneficiário ou por qualquer outra forma que me permitisse ter acesso, ou capacidade de dispor, agora ou no futuro, desse dinheiro. Nada.

Este fato tem sido propositadamente escondido porque põe em crise a exótica teoria de que o dinheiro do meu amigo é, afinal, meu, e de que ele era apenas um testa de ferro. Este é o verdadeiro fato novo: depois de tanta busca, de tantas escutas, de tantos interrogatórios, depois até da resposta à carta rogatória, a investigação não só não prova nada do que afirma, como provou exatamente o contrário: que o dinheiro pertence a outro; que não é meu nem nunca foi e que não posso, nem alguma vez pude, dispor dele.

CAPÍTULO XII - DEEM–ME O HOMEM, ENCONTRAREI O CRIME

146.

É claro que não desistiram. Tudo vasculharam para encontrar um qualquer papel. Ameaçaram pessoas na esperança de obter um qualquer testemunho que me comprometesse. Chegaram a ir a restaurantes que frequentei verificar a contabilidade porque, diziam, havia a suspeita de aí ter utilizado um cartão de crédito suíço. Ah, um cartão de crédito suíço – eis a prova que esperavam, a prova de que tinha acesso à conta e, portanto, ao dinheiro. Nada encontraram. Tal cartão nunca existiu. No primeiro interrogatório, as minhas primeiras palavras foram para dizer que tinha sabido mais da vida financeira do engenheiro Carlos Santos Silva nesses quarenta minutos em que demorou a leitura da imputação de fatos do que nos últimos quarenta anos de fraterna amizade. Na verdade, e como já referi a propósito de outras acusações, não é que não haja provas no processo, o problema é que as provas documentais e testemunhais que existem, e são muitas, todas elas provam que o dinheiro nessas contas pertence, legitimamente, ao meu amigo, o engenheiro Carlos Santos Silva.

Não se esqueceram de fazer referência ao programa de repatriação de capitais aprovado pelo meu Governo, o RERT, apresentando--o, sem nenhum indício que os autorizasse a isso, como um programa especialmente desenhado para que o engenheiro Carlos Santos Silva repatriasse o seu dinheiro. Essa campanha foi feita com intensidade, nos jornais e nas televisões: *a investigação suspeita, a investigação acredita...* Desistiram depois de ouvirem o antigo ministro das Finanças: o programa foi iniciativa e responsabilidade do Ministério das Finanças, a respetiva lei foi preparada nos serviços e nenhuma interferência houve da minha parte, a não ser a sua aprovação em Conselho. Mas a uma questão nunca responderam (regra número um deste *bas-fond*: os jornalistas nunca fazem perguntas incómodas às suas fontes) – se afinal o dinheiro estava escondido, se era meu em nome de outro, que razão teria o seu titular para o trazer para Portugal, mais próximo do controlo e da vigilância das autoridades portuguesas? Esta pergunta não tem, nem nunca teve, resposta porque ela torna a tese absurda. Mas não é a única – eis as outras: como é possível acusar alguém de ser o proprietário de dinheiro

127

se o seu nome não aparece como titular em nenhum documento? Como conceber que sendo eu, como me acusam, o proprietário oculto do dinheiro que está em nome do meu amigo há mais de dez anos, não tenha, nem nunca tenha tido, um qualquer documento que me permitisse ter acesso a ele em caso de morte ou de qualquer incapacidade do seu titular formal? Como explicar que o engenheiro Carlos Santos Silva tenha livremente disposto desse dinheiro ao longo dos anos para realizar os seus investimentos e para fazer os seus negócios – como, por exemplo, o da Codecity, de que falei anteriormente – sem que qualquer intervenção minha tivesse existido? Como justificar que, depois de ano e meio a vigiarem a minha vida, em nenhuma escuta telefônica, em nenhuma das centenas de buscas que realizaram, haja o mínimo indício dessa propriedade escondida que me atribuem? Como afirmar tamanha falsidade sem um documento, sem um depoimento, sem nenhuma prova, pretendendo colocar-me na situação de ter de provar o contrário? Na verdade, esta suposição só se manteve porque era nela que tudo estava ancorado. No final, nem crime, nem prova. Mas não se rendem. Basta-lhes a suspeita que fundamenta a acusação e que cumpre o propósito original: destruir a reputação pública do acusado.

Capítulo XIII

OS FARISEUS

147.

No final, já tudo tendo sido desmentido, vem então a habilidade do costume – a ética republicana. Tão previsível. O debate transfere-se assim do direito para a moral: deixemos a lei para os tribunais, dizem, e passemos a discussão para o plano ético, que tem a enorme vantagem de não requerer nem fatos nem provas judiciais e poder basear-se somente na devassa privada e nos disparates dos jornais. A técnica é conhecida e tem mostrado resultados. Desta forma, não precisamos de provar seja o que for, basta insultar e ferir com base nos julgamentos de caráter. Do terreno seguro da lei, escrita, conhecida e obrigatória, passamos então para o terreno movediço da ética – não a que conhecemos como deontologia, previamente discutida, acordada e codificada, mas uma ética de circunstância, uma ética do momento, uma ética de televisão.

148.

Na verdade, o que se pretende é que o julgamento moral branqueie tudo. Os novos fariseus calam-se perante a injustiça da detenção, da prisão para investigar, dos prazos de investigação sistematicamente violados, dos crimes de violação de segredo de justiça, da campanha de difamação urdida pelas autoridades, da parcialidade do juiz, para tudo legitimarem com a sua pregação moral. Para os moralistas de serviço, a conversa é simples – "puseste-te a jeito". Sem provas ou fatos, recorre--se então ao achincalhamento moral para legitimar a prisão e a furiosa campanha destes últimos quatro anos. O truque é antigo. Também os crimes de violação se justificavam assim – "puseste-te a jeito". Como sempre, por detrás do falso moralista, ou está o pequeno inquisidor ou aquele que quer ajustar contas com a sua própria covardia moral. Não me é indiferente que tenham sido pessoas que me foram próximas a fazer considerações deste tipo, mas, no que isto significa de estritamente pessoal, há momentos em que só o silêncio merece ser dito.

149.

Os fariseus

A transição do debate jurídico para a moral faz-se com base em dois eixos. O mais básico dos ataques radica na ficção de uma vida exibicionista feita de fausto, mentirola tantas vezes repetida que passa a constituir o pano de fundo para o julgamento moral. Os personagens transformam-se então em heróis dos tabloides, usando os termos deles e desta forma legitimando a odiosa campanha – vida de luxo. Ter decidido fazer um ano sabático é um luxo; fazer um mestrado numa universidade francesa é um luxo; ter decidido levar os filhos para acabarem o secundário numa escola internacional é outro luxo. Nada disto pode ser visto senão como vida de luxo. Na verdade, a desvalorização que fazemos das notícias dos tabloides é consequência do nosso próprio desprezo – o mito dos restaurantes de luxo manteve-se durante anos, até que um jornalista foi jantar ao restaurante que eu frequentava e publicou a conta.

O segundo eixo de ataque segue mais ou menos assim: "recebeu de um construtor civil". Não, não "recebi de nenhum construtor"; aceitei ser ajudado pelo meu melhor amigo de há quarenta anos. Não é um construtor civil, é o meu melhor amigo. Não recebi, emprestou-me dinheiro, que aliás já devolvi na maior

CAPÍTULO XIII - OS FARISEUS

parte. E devolverei o que falta. Finalmente, isso aconteceu quando já não exercia funções, mais de dois anos depois de sair do Governo, livre de qualquer responsabilidade pública ou política. Acresce ainda que alguns acham que ter mantido isso entre mim e ele — como se o assunto tivesse a ver com mais alguém — é como mentir. Talvez devesse ter feito um comunicado público. Depois, a mentira que acompanha a campanha do Ministério Público: terá havido fortuna de família? Estranhos tempos estes em que temos de ir desenterrar escrituras que datam de 1981(literalmente — ir à torre do tombo) e convocar testemunhas da época para provar o que nunca nos ocorreu que fosse posto em causa: um patrimônio familiar que é resultado de três heranças dos anos 80.

150.

Ética republicana. Voltemos ao assunto porque é meu profundo convencimento que a maior parte dos que utilizam a expressão pura e simplesmente não sabem do que estão a falar, vendo nela apenas a oportunidade de fazer referência a algo com ressonância nobre. Há, no entanto, outros que astuciosamente se servem dela como instrumento do seu próprio interesse ou como conveniente disfarce do oportunismo político. Seja como for, o tema adquiriu nesta história tal importância que devemos trocar umas ideias sobre o assunto.

Ética republicana, da república — *res publica*. É talvez melhor lembrar, de entrada, que a norma ética republicana por excelência é a lei, discutida por todos, aprovada em nome de todos e que a todos obriga. Não há nada de republicano em códigos ocultos, que ninguém viu, ninguém discutiu e que são invocados com base em critérios de oportunidade. Um dos mais importantes valores em nome do qual nasce a república é justamente a publicidade da lei, a igualdade perante a lei e o cumprimento que resulta desse pacto: nós, que a aprovamos, devemos-lhe também obediência. Senhores e escravos da lei, eis a antiga máxima republicana. Todavia, sempre que ouço a expressão "ética republicana", o que sinto é que ela nos procura afastar do debate sobre a lei e o direito — público, conhecido e obrigatório para todos — para nos aproximar de um certo catecismo moral cujos preceitos ninguém conhece e ninguém leu. O que caracteriza essa pretensa ética republicana é justamente nada ter de republicana, isto é, não ser *pública*, mas antes desconhecida de todos, a não ser daqueles que acham que podem falar em nome dela e, em seu nome, fazer julgamentos, e, claro, condenações. Na maior parte dos casos, essa escorregadela do debate legal para o debate moral transforma o espaço público da política numa espécie de igreja, em que sacerdotes ungidos, sabe-se lá por que poder divino, se entregam à vigilância ética dos seus membros, como via para atingir a purificação e a superioridade moral da comunidade política a que pertencem. Na verdade, o debate ético na esfera política tem como consequência, e na maior parte dos casos o propósito, de nos afastar da verdadeira conquista republicana – a lei, pública e igual para todos. Neste sentido, o debate é tudo menos republicano.

151.

A ausência de conhecimento público desse conjunto de normas que constituiria a ética republicana é só o primeiro problema. Os momentos mais confrangedores ocorrem quando os infelizes pregadores se expõem a flagrantes de duplicidade moral. Exemplo tão português: em março de 2015 vários deputados e membros do Governo tomam posição crítica contra o Estado de Timor-Leste, em defesa do cidadão português Tiago Guerra, preso preventivamente há cinco meses sem acusação. Causa justíssima, já que é difícil aceitar que o Estado democrático possa prender preventivamente por um período tão longo sem deduzir uma acusação que permita ao visado o exercício do direito de defesa. No entanto, nesse mesmo momento, outros em Portugal estavam e estiveram presos um ano sem acusação. Nestes casos calam-se, dando, com o seu silêncio, assentimento ao comportamento das instituições penais portuguesas, assentimento que recusam no caso timorense. No meu caso, foram *trinta e seis meses* sem que o Estado, depois de prender e difamar, tivesse deduzido qualquer acusação. Duplo critério, portanto: um, para o sistema de justiça timorense, outro, para o português. Um entranhado preconceito de superioridade considera o sistema timorense primitivo e atrasado, e para ele reserva a indignação

CAPÍTULO XIII - OS FARISEUS

ética; no segundo caso, no da justiça portuguesa, os que no primeiro caso tanto se indignaram, nada têm a oferecer além da covardia, da indiferença e do silêncio. A bravata com os fracos é barata. Exemplo tão espanhol: num primeiro momento, Pablo Iglesias, dirigente do partido Podemos, lança um ataque pessoal sobre um adversário político, perguntando como pode o povo espanhol confiar em quem compra uma casa de 600 mil euros; no segundo momento, ele próprio compra uma casa pelo mesmo valor. Exposto publicamente o duplo critério, o dirigente apela então ao julgamento político do partido através de um referendo. A atitude de procurar a redenção dentro de casa, isto é, dentro do partido, tem pelo menos a vantagem de deixar claro que a proclamada ética nunca teve nada de republicana, mas sim de fação, de partido: uma moral para eles, uma moral para nós. Eis a consequência, mil vezes vista, do debate ético na política: a exposição obscena (sim, *obs cena*, fora de cena) da superioridade moral, ontem, de direita, isto é, de classe, de casta; hoje, de esquerda, de ideias, de comportamento, de partido. Disfarçada de republicana, o que os personagens nos apresentam é a ética do oportunista político – a ética do momento certo, a ética do alvo certo, a ética da vítima certa, a *nossa* vítima. A ética republicana torna-se assim o terreno adequado para o novo charlatão televisivo.

152.

Em suma, e para concluir, nunca me agradou essa aproximação entre o discurso político e o discurso ético que, na maior parte dos casos, só promove o preconceito de superioridade moral, tão danoso à vida democrática e ao respeito entre adversários. A propósito, o episódio histórico mais elucidativo da instrumentalização política da ética republicana para fins de interesse político deu-se em 1985 com o aparecimento do PRD e com a liderança "ética" do general Eanes, que, pela primeira e única vez na nossa democracia, usou o seu cargo para construir um partido político. A principal vítima desse veneno democrático foi justamente o Partido Socialista.

153.

Ainda uma última palavra sobre o desafio ético. Uma ética universal só pode ser procurada e construída em terreno de consenso e de cruzamento de diferentes doutrinas filosóficas, religiões ou costumes culturais. Esse campo de ação, esse espaço sobre o qual é possível edificar uma ética pública, não me parece que possa ser outro que o dos direitos individuais. Justamente o que faltou no processo marquês – a ética da lei contra o abuso, a ética dos direitos individuais. Essa é não apenas a melhor tradição política que o Iluminismo nos legou, mas também a mais importante realização da globalização depois da Segunda Guerra Mundial – o direito internacional, que consagra a universalização dos direitos humanos. Se há um *ethos* mundial a construir, ele encontra-se na consciência dos direitos civis acima do poder soberano dos Estados. Aí, sim, podemos falar da procura de uma ética política descartada do interesse e da oportunidade – a ética dos direitos do indivíduo; a ética dos limites à autoridade do Estado; a ética da liberdade e não da segurança; a ética da legitimidade e não da força. Deste ponto de vista, o processo marquês é um fracasso ético – que infelizmente contou com a cobertura e cumplicidade dos que, a propósito de qualquer sobressalto cívico, nunca perdem a oportunidade de puxar imediatamente do discurso hipócrita da ética republicana. Pronto, agora estou melhor.

Capítulo XIV

PEÕES NO JOGO DOS OUTROS

Today, Medgar Evers was buried from the bullet he caught They lowered him down as a King
But when the shadowy sun sets on the one That fired the gun
He'll see by his grave
On the stone that remains Carved next to his name
His epitaph plain: Only a pawn in their game

Bob Dylan, "Only a pawn in their game", 1964.

154.

Eis, finalmente, o encontro – Moro e Alexandre, lava-jato e processo marquês. A direita portuguesa junta os dois protagonistas e as duas operações num sítio chique – Conferências do Estoril 2017. Não é a primeira vez. Em março de 2016, cerca de um ano antes, a Faculdade de Direito da Universidade de Lisboa organizou, em parceria com o Instituto Brasiliense de Direito Público, o IV Seminário Luso-Brasileiro de Direito. Eis as estrelas brasileiras anunciadas no programa: Aécio Neves, José Serra e Michel Temer. Eis as portuguesas: Paulo Portas, Passos Coelho e Marcelo Rebelo de Sousa. Os partidos da direita política dos dois lados do Atlântico juntam-se para procurar um qualquer tipo de legitimidade constitucional para o anunciado *impeachment* de Dilma Rousseff. Na véspera do seminário, os convidados portugueses decidem não participar. Não é preciso, o sinal está dado e agora é preciso prudência – afinal, Dilma ainda é Presidenta. De um ano para o outro, de 2016 para 2017, da Faculdade de Direito para o Estoril, o que mudou foi a cara do golpe: os políticos dos dois lados já não podem aparecer, aparecem os juízes, a nova arma branca da política.

155.

Olhemos de perto os personagens. Eis Sérgio Moro e a famosa escuta entre Lula e Dilma. Às 11h12 o juiz ordenou que as interceptações judiciais ao telefone do Presidente Lula cessassem: "Assim, determino a sua interrupção. Ciência à autoridade policial com urgência, inclusive por telefone." Duas horas depois da ordem de interrupção, às 13h32, a Presidenta Dilma telefona a Lula e a conversa é gravada ilegalmente. A polícia decide manter a gravação, que sabe ser ilegal. Às 16h49, o juiz valida a escuta ilegal e levanta o sigilo do inquérito. Às 20h00 as gravações da conversa são abertura do jornal da Globo. Gravação ilegal, validação ilegal, divulgação ilegal. Tudo isto num só dia: 16 de março.

A 26 de setembro, segundo ato: o Tribunal Regional Federal aprecia uma queixa apresentada contra o juiz Moro a propósito da escuta ilegal. A corte decide que não houve nem infração administrativa, nem penal:

> *"é sabido que os processos e investigações criminais decorrentes da chamada operação lava-jato, sob a direção do magistrado representado, constitui caso inédito (único, excecional) no direito brasileiro. Em tais condições neles haverá situações inéditas, que escaparão ao regramento genérico, destinado aos casos comuns [...] é correto entender que o sigilo das comunicações pode, em casos excecionais, ser suplantado pelo interesse geral na administração da justiça e na aplicação da lei penal".*

CAPÍTULO XIV - PEÕES NO JOGO DOS OUTROS

156.

Não sei ao que mais custa assistir – se à arrogância do abusador no primeiro ato, se à impunidade, no segundo. Para a justiça brasileira, dizem os juízes, ou, melhor dito, dizem estes juízes, há casos comuns e casos excecionais: o caso da escuta entre Lula e Dilma é exceção e, em consequência, a solução jurídica deve ser igualmente excecional. Regressamos a Carl Schmitt: *soberano é quem declara a exceção*. Resta saber se o soberano é o poder judiciário ou a rede Globo. Mas uma coisa ficámos a saber: o soberano não foi o povo brasileiro. "Ninguém está acima da lei", dirá uns meses mais tarde o juiz Moro na prestigiada universidade americana de Notre Dame. Claro que não. Só ele, o juiz, o soberano – o que decide a exceção e cria o arbítrio.

157.

Eis agora Carlos Alexandre, a entrevista televisiva à SIC e o dia 8 de setembro de 2016: juiz de primeira instância; nunca escreveu um livro; não tem pós-graduações; trabalha aos fins de semana; não faz férias há dez ou doze anos; quando era pequeno tomou "óleo de fígado de bacalhau em bicha de pirilau"; chega cansado a casa e depois de jantar ainda vai ouvir escutas; aceita com tranquilidade o que o destino lhe reserva; fascina-o a figura de Jesus Cristo e vai regularmente às festas da sua terra e às procissões.

No final, há ainda espaço para uma breve incursão intelectual. Não é um homem de quem se deva ter medo porque cultiva a lei moral de Kant: "age de uma forma tal que queiras que os outros ajam em relação a ti da mesma maneira". Deslize filosófico. A lei moral de Kant nada tem a ver com o que foi dito: *Age apenas segundo uma máxima tal que possas ao mesmo tempo querer que ela se torne lei universal.*[1] Não, não

---

[1]   KANT, Immanuel. *Fundamentação da Metafísica dos Costumes*. Lisboa: Edições 70, 2009.

é a mesma coisa. É aliás bem diferente. O imperativo categórico kantiano não pode resultar de nenhum cálculo, de nenhum interesse, de nenhuma consequência – mesmo que seja a justa reciprocidade. A ação deve *valer por si*, independentemente de ser ou não recíproca, independentemente dos seus efeitos ou das suas consequências. Só assim pode ser elevada a norma universal. Fica sempre bem citar Kant – quando se sabe do que se está a falar. Não é o caso.

158.

Moro e Alexandre. Há um fio que os une e que é produto de um certo *storytelling* – essa ambição que as televisões, na verdade, nunca abandonaram: somos nós que criamos os personagens. Certo: a Globo dá a Moro o prémio de personalidade do ano; a SIC faz uma entrevista de vida a Carlos Alexandre. O guião é o mesmo, variando apenas o argumento para dar expressão ao gosto local, um pouco mais glamoroso ali, um pouco mais triste e manhoso aqui. Une-os uma certa visão heroica da história e um forte sentido de oportunidade – o seu momento chegará. A via para a grandeza parece ter evoluído: o herói já não é militar, nem a virtude aclamada é a audácia ou a bravura. Um novo paradigma surge em resultado da moderna aliança entre os *media* e a justiça – o "superjuiz". O combate à corrupção transforma-se na narrativa de construção do novo grande homem, que atua em nome do povo. A pulsão de fama tudo deixa para trás – o escrúpulo no cumprimento da lei, os direitos individuais, as campanhas difamatórias contra inocentes. A ascensão destas celebridades é sempre marcada pelo atropelo às regras de uma e de outra classe, o que antecede o respetivo ajuste de contas no final. A comunidade jurídica não perdoará ser instrumentalizada por alguns ao serviço da política, nem perdoará perder a *gravitas* que sempre cultivou, nem permitirá ser arrastada para lamentáveis espetáculos de sapateado e de vaidade, de onde sabe que sairá sempre a perder. Do outro lado, também a política não consentirá que alguns se apresentem no jogo covardemente disfarçados de protagonistas sem interesse, sem partido ou até acima dos partidos. Afinal, quantos destes já vimos aparecer no espaço público? Di Pietro, Garzón, Eva Joly: a construção

CAPÍTULO XIV - PEÕES NO JOGO DOS OUTROS

de biografias políticas a partir da justiça começa com discursos épicos, aventuras tumultuosas e não raro acaba na solidão do regresso ao real: *praças desertas onde só as pedras respondem.*[2] Personagens sem consequência. Peões no jogo dos outros.

159.

Não subestimemos a megalomania dos personagens na explicação da violência e dos abusos. A vaidade e a glória são, afinal, forças muito poderosas, e a ambição biográfica de figurar nos céus eternos da história nacional é humana, demasiado humana. Mas não sejamos ingênuos: a motivação primordial, a força propulsora, é a política. No essencial, o processo marquês serviu para impedir a minha candidatura a Presidente da República, que a direita política dava como inevitável, e para impedir igualmente a vitória do PS nas legislativas de 2015 – conseguiu as duas. Quatro anos depois, no momento em que escrevo, a agenda política da direita parece manter-se nesse único ponto: processo marquês e recondução do procurador-geral. Visto de longe, é difícil dizer se a querem manter à frente do Ministério Público ou a liderar o partido. Ou talvez candidata a Presidente. Na verdade, fez tudo bem: prendeu Sócrates, arquivou os submarinos e lentamente acabou com o BPN. O seu mandato e a sua ação foram singulares e sem disfarce – criminalizar as bandeiras políticas do anterior Governo. Acabou a impunidade, dirá a ministra da altura dando o tiro de partida para a caçada aos adversários políticos. Processos em cima, para tudo e sobre tudo: despesas dos gabinetes, investigação à EDP, as parcerias público-privadas, o TGV, a Parque Escolar, o aeroporto – o que é que escapou? Talvez as novas oportunidades, o complemento solidário para idosos, as unidades de cuidados continuados, as energias renováveis. A agenda da direita foi isto: pura vingança.

---

[2] MUSIL, Robert. *L'Homme sans Qualités*. Paris: Éditions du Seuil, 2004.

160.

A política e os sonhos de grandeza são já uma mistura suficientemente explosiva, mas é preciso juntar uma outra explicação – o problema sistêmico. O que aconteceu só é explicável se lhe juntarmos a invulgar e perigosa concentração de poder. Durante mais de quinze anos, o nosso sistema judicial conviveu com um tribunal especial criado especificamente para acompanhar os inquéritos judiciais de um único departamento de investigação penal e, pior, com um único juiz – o tribunal de um homem só. O trabalho continuado com a mesma equipa de procuradores, e durante tanto tempo, produziu o fenômeno de *captura* que a sociologia das organizações conhece bem. A investigação e o olhar crítico do juiz sobre ela – o duplo olhar que o sistema requer – há muito que foram postos de lado. No caso do processo marquês, esse fenômeno foi evidente. O juiz sempre se comportou como um superprocurador, atuando de forma cúmplice com os abusos da investigação e ignorando completamente a sua função de garante dos direitos individuais, impedindo os abusos estatais. Quando isto acontece, o sistema encontra o seu ponto de fuga – o juiz torna-se parcial e o sistema inquisitorial: quem te julga é também quem te acusa.

161.

Estamos a 15 de setembro e o prazo de edição está a terminar. Tenho ainda tempo para ler hoje uma surpreendente entrevista do presidente do Supremo Tribunal de Justiça, que termina o seu mandato: "estamos a caminho de uma república penal", diz. Prende-se demais, escuta-se demais, vigia-se demais. No final, não deixa de apontar o símbolo da deriva: o tribunal especial de Carlos Alexandre não faz sentido no sistema judicial e deve ser extinto.

O mais interessante aspecto da entrevista é o de quem não deseja ceder à vulgaridade discursiva: não, os atrasos na justiça cível não são

CAPÍTULO XIV - PEÕES NO JOGO DOS OUTROS

o principal problema da justiça, o problema central é a justiça penal. Diagnóstico radical: não é a economia, os contratos, o investimento – é a liberdade e são os direitos. Sem cedências ao habitual viés ideológico, de olhar a justiça como instrumento econômico, vai direto ao ponto: a questão principal da justiça portuguesa é a justiça penal, que sacrifica direitos fundamentais e que, uma vez perdidos, dificilmente se recuperarão. Certeiro. Na verdade, o que tenho visto nestes anos em que sou forçado a acompanhar esta área à qual, para ser sincero, nunca prestei grande atenção no passado, é verificar que o nosso direito penal *progride através de violações* – se os abusos forem cometidos por muitos e durante o tempo suficiente, o sistema legal acabará por aceitá-los. Virão depois as extravagantes hermenêuticas e as novas etiquetas legais para explicar que o que está escrito não é bem o que está escrito. Haverá sempre recalcitrantes, mas serão poucos. De forma geral, os outros calam-se e aceitam. É assim que a arbitrariedade se torna regra – e é isso que está a acontecer diante dos nossos olhos.

Outro aspecto interessante e sintomático da entrevista foi o silêncio que se seguiu. Nada de comentários, nem do Governo, nem da imprensa, nem da universidade, nem dos advogados, nada. O próprio jornal não publica a entrevista como notícia principal. No dia a seguir, é como se não tivesse existido, nada tivesse sido dito. Estranha inversão de papéis: os juízes falam de política de justiça, e os políticos, da justiça, não falam de nada. O silêncio como fórmula de sucesso político – eis a justiça como terra de ninguém.

162.

Tenho de acabar. Quando for publicado este livro, já a história terá avançado, o processo marquês vai para instrução, e o Brasil para eleições. Mas não posso esperar mais – o compromisso foi este, acabá-lo até ao dia 17. Na verdade, desde o início que o sabia: o texto acabaria assim, sem desfecho. Nunca vi nisso uma contrariedade e, pelo contrário, sempre me agradou a ideia de um final sem epílogo: *deixai vir a mim o acaso.*[3] Este é o terreno da política e da história, e ambas têm amor ao incerto, ao inesperado, ao contingente, ao que aí vem. Gosto que fique assim, em aberto.

Lisboa, 17 de setembro de 2018.

---

[3] NIETZCHE, Friedrich. *Assim Falava Zaratustra*. Lisboa: Guimarães Editores, 2010.

A Editora Contracorrente se preocupa com todos os detalhes de suas obras!
Aos curiosos, informamos que este livro foi impresso no mês de maio de
2021, em papel Pólen Soft 80g, pela Gráfica Copiart.